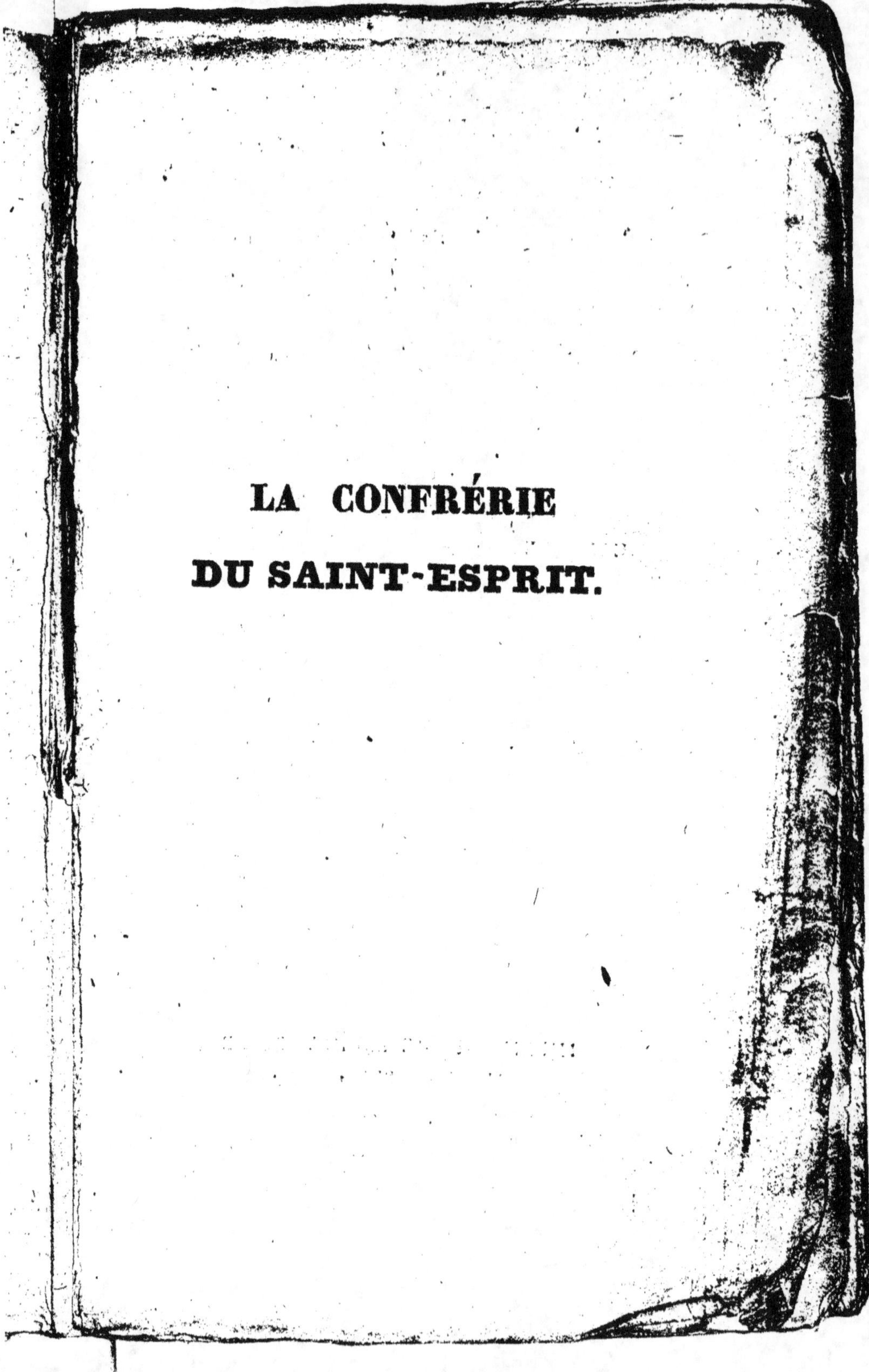

LA CONFRÉRIE

DU SAINT-ESPRIT.

Du même auteur.

SOUS PRESSE,

Pour paraître en avril prochain :

CAZAULX, Chronique marseillaise de l'an 1596.

———

IMPRIMERIE DE LACHEVARDIERE,
RUE DU COLOMBIER, Nº 30.

LA CONFRÉRIE
DU SAINT-ESPRIT,

CHRONIQUE MARSEILLAISE DE L'AN 1228;

Par M. Rey-Dussueil.

TOME PREMIER.

Paris,
CHARLES GOSSELIN, LIBRAIRE
DE SON ALTESSE ROYALE MONSEIGNEUR LE DUC DE BORDEAUX,
RUE SAINT-GERMAIN-DES-PRÉS, N° 9.
MDCCCXXIX.

A

M. ADOLPHE THIERS,

SON AMI, CONDISCIPLE ET COMPATRIOTE,

MARIUS REY-DUSSUEIL.

PRÉFACE.

De peur de refroidir notre récit et de surcharger de notes un
livre qui en contiendra beaucoup
trop, peut-être, nous allons ini-
tier le lecteur aux faits histori-
ques qui nous semblent indis-
pensables pour l'intelligence de
cet ouvrage. Ces faits sont peu
connus, relégués qu'ils sont dans
un épais in-folio dont la fidélité
fait le plus grand mérite, car la
Provence, qui a vu naître au
moyen âge tant de poètes distin-

gués, n'a pas eu un seul chroni-
queur qui ait popularisé les évènements de son histoire. Cette
absence de chroniques nationa-
les nous a mis souvent dans la
nécessité d'étudier les faits dans
l'histoire des Communes Lom-
bardes, de comparer le résultat
de nos recherches avec quelques
traditions et les faits généraux
que nous donnaient les historiens
de Marseille et de la Provence,
et de deviner le passé, comme
les naturalistes devinent et re-
trouvent tout un être, dans
quelques débris d'ossements.

Un peu après la première
croisade, les Marseillais, qui
s'y étaient particulièrement dis-

tingués, ne bornèrent pas là leurs efforts. Ils assistèrent par terre et par mer le Roi de Jérusalem, et celui-ci leur accorda, en retour, une décharge et une franchise perpétuelles de toute sorte de droits et d'impositions par tous ses États.

A l'époque de la seconde croisade, ce peuple fit plus encore. Non content d'avoir secouru Baudouin, Roi de Jérusalem, il lui donna trois mille besants sarrasins, afin d'empêcher qu'Ascalon et Jaffa ne fussent pris. Le Roi, pour s'acquitter envers eux, leur donna un grand domaine appelé Rame, avec tous ses meubles, bestiaux et usten-

siles. «Dans les lettres-patentes,»
dit l'historien de Marseille , « il
» est porté expressément qu'en
» considération de ce que les
» Marseillais avaient secouru de
» leurs biens et de leurs person-
» nes , et par mer et par terre,
» les Rois ses prédécesseurs en la
» conquête de Jérusalem et de
» Tripoli , le Roi déclare qu'il
» veut que les Marseillais aient
» en Jérusalem , en Acre, et en
» toutes les villes maritimes qui
» seront soumises à son empire ,
» une église , un four et une rue,
» avec toutes les maisons qui y
» seront situées , et leur en fait
» donation avec pouvoir d'en
» disposer , et qu'ils seront francs
» de tous droits dans ses États. »

Ceci se passait en l'an 1152. On sent combien de tels priviléges durent fructifier aux mains d'une nation industrieuse. Elle acquit en peu de temps d'immenses richesses.

Marseille, à cette époque, appartenait à des Vicomtes. « La souverainet de l'Évêque ayant suivi de près la souveraineté des Vicomtes, les deux puissances s'étaient partagé la ville, d'où étaient résulté deux fiefs et deux villes; la supérieure, possédée par l'Église, et l'inférieure possédée par les Vicomtes. Mais les Seigneurs s'étaient continuellement affaiblis par l'exercice du pouvoir, si bien qu'en 1170 on voyait cinq Vicomtes , Hugues-Geoffroi III, Guillaume-le-Gros, Barral, Raymond-Geoffroi et Roncelin , fils de Hugues-Geoffroi II. En outre, les Vicomtes n'avaient point empêché les Conseils de ville. Le peuple tira parti de ces circonstances, organisa la Commune en dehors du fief, sous le nom de Confrérie du Saint-Esprit, et l'autorité des Confrères Recteurs. Il régla, dans son seul intérêt, la paix, la guerre et les alliances, ne laissant aux Vicomtes qu'une portion des droits domaniaux et de la justice. Arrivé là, il voulut aller plus loin. Ces fiers et riches marchands de la ville inférieure conçurent l'idée de se rendre li-

bres et de joindre la Seigneurie
à la Commune en traitant avec
les Seigneurs (1). » Les circonstances les servirent à souhait.
Le Vicomte Roncelin avait, peu
auparavant, vendu à Guillaume
Ancelme, gentilhomme de Marseille, une portion de sa Seigneurie, qui consistait aux droits
d'une partie du port et d'un
huitième des leudes ; cette alié-
nation, qui témoignait claire-
ment de l'extrémité à laquelle
ce Prince était réduit, échauffa
le peuple et servit de planche à
l'acquisition de sa liberté. Il

(1) M. Rouchon-Guigou. On trouvera, dans une
note de cet ouvrage, quelques détails sur son Ré-
-sumé de l'Histoire de Provence, remarquable à plus
d'un titre.

remboursa l'acquéreur en l'an 1211, et lui paya comptant mille livres coronées (1).

Raymond-Geoffroi, Seigneur de Tretz, vendit tout ce qu'il possédait en la ville de Marseille, son terroir et juridiction, tant civile que criminelle, censives, trezains, chevauchées, leudes, ports, eaux, terres, montagnes, rivage, pêche, îles, chasse, au prix de cent quarante-trois mille sous royaux. Hugues des Baux, mari de Barrale, fille et héritière de Barral, à qui les citoyens avaient prêté de grandes sommes, les paya avec sa part de

____

(1) Histoire de Marseille, par Ruffi.

Seigneurie, et moyennant douze mille sous royaux coronés qu'on donna, pour épingles, à sa femme. Restait Mabile, épouse de Gérard Adhémar, fille de Guillaume-le-Gros. Elle résista longtemps, et finit par céder au vœu du peuple. Alors commença, dans la ville inférieure ou vice-comitale, la seconde République de Marseille.

L'époque que nous avons entrepris de peindre est celle de la lutte du Comte de Provence, de la noblesse et du clergé contre la République, lutte inégale, à laquelle la République finit par succomber en l'an 1257.

Dans le cours de ce livre nous

n'avons pris qu'une seule licence : c'est d'avoir, ou donné à
Marguerite de Provence, qui fut
épouse du Roi saint Louis, plus
de caractère et de pénétration
que son jeune âge n'en pouvait
comporter, ou de l'avoir suppo-
sée plus âgée qu'elle ne l'était
en effet à l'époque de notre récit.
Il est un autre point sur lequel
notre conscience historique n'est
pas pleinement rassurée. Nous
faisons venir Folquet, Évêque
de Toulouse, à Marseille en l'an
1229. Peut-être ce Prélat était-
il déjà mort à cette époque, car
il fut promu en 1205 à l'Évêché
de Toulouse, et il avait déjà
mené une vie assez longue et
fort agitée ; mais quoique ce per-

sonnage ait été l'un des plus cé-
lèbres Troubadours, et le com-
plice de Dominique dans les
persécutions qu'on exerça contre
les Albigeois, il en est si peu
fait mention dans l'histoire, que
cet anachronisme, si toutefois
c'en est un, aurait peut-être
passé inaperçu.

Afin de n'être pas contraint
de nous embarrasser trop souvent dans la description de la
ville de Marseille, telle qu'elle
était autrefois et telle qu'elle
est aujourd'hui, nous avons
supposé notre *chronique* écrite
avant l'union de la Provence à
la France.

Notre projet est de livrer au

public, en plusieurs chroniques, les grandes époques d'une histoire très remarquable et très peu connue. Jamais annales de nation ne furent plus curieuses. Elles se lient à celles des trois plus grands peuples qui aient brillé sur la terre, les Grecs, les Romains et les Français. La Gaule a dû deux fois sa·civilisation à ce pays; quand tout était barbare en Europe, les Troubadours ont créé une langue admirable qui a formé les langues française, italienne et espagnole; c'est à eux que la poésie moderne est redevable de la rime; la littérature romantique les reconnaît pour ses pères, et c'est de leur langue qu'elle a pris son nom ; seuls entre les autres peuples, outre la littérature dont ils furent créateurs, les Provençaux ont brillé dans les trois littératures classiques ; passionnés pour leurs libertés, ils les ont conservées sous toutes les dominations. Leur sol, leurs mœurs, leur caractère fougueux et indomptable, leurs poétiques usages, leur langage passionné, tout semble attendre un peintre. Le sort de la *Confrérie du Saint-Esprit* nous apprendra si la tâche n'est pas au-dessus de nos forces.

LA CONFRÉRIE
DU SAINT-ESPRIT,

CHRONIQUE MARSEILLAISE
DE L'AN 1228.

CHAPITRE PREMIER.

LA BARQUE.

Vostre homs lige en devenrai,
E toz jors vostre sers serai.
PARTONOPEX DE BLOYS.

Ah Dieus! verais Dieus! no puesc durar
Als mals qu'ieu ai.
M. RAYNOUARD.

Oh! que l'incertitude est un cruel tourmen!!
Et qu'une heure d'attente expire lentement!
CASIMIR DELAVIGNE.

« C'est elle !... non ; c'est le vent
» qui joue avec les feuilles... Malé-

1.

» diction sur elle ! malédiction sur
» moi-même !..., voilà le jour. »

Il se lève, et gravissant le rocher
qui le cachait dans son ombre, il par-
court du regard l'aride et étroite
vallée qui descend vers la mer. Il
pousse un long cri et n'entend que le
son de sa voix, qui, de loin en loin
répétée, va se perdre dans le dernier
écho du rivage.

Quel est donc cet homme ? que
fait-il, avant le jour, dans ces montagnes dont le chasseur et le che-
vrier troublent seuls la sauvage soli-
tude ? En lui tout est étrange ; ses
yeux noirs et perçants ont tout le
feu des jeunes années, une épaisse
barbe couvre son menton, et pour-
tant aucun cheveu ne s'échappe de
la verte calotte qui couvre sa tête.
Si, parfois, il laisse retomber ses
bras, et que le vent vienne à soule-

ver le caban (1) dont il s'enveloppe,
au lieu de l'humble vêtement du pé-
cheur, on voit une tunique de soie
que presse autour de ses flancs une
riche ceinture. Il ne porte aucune
arme apparente, mais la finesse du
tissu de sa tunique décèle un poignard caché sur son cœur et une
épée qui gêne la liberté de ses mouvements. C'est là, au pied de ce rocher, sur cet amas de feuilles sèches,
qui porte encore l'empreinte de son
corps, que cet homme a passé toute
cette nuit sans sommeil. La main sur
son poignard, il a adressé vingt fois
au ciel une prière dans une langue in-
connue. Serait-ce un secret ennemi
du baron d'Evenos? qui pourrait lire
dans sa pensée?

Cependant le soleil s'est levé, et

(1) Le caban est un manteau de gros drap, sur-
monté d'un capuchon, et qui descend jusqu'à mi-
jambe.

déjà la mer se colore de ses feux.
Toujours debout sur la cime de la
montagne, l'étranger interroge des
yeux la vaste étendue des eaux. Hélas! elle est encore déserte. Le désespoir s'empare de lui, non ce désespoir qui s'exhale en cris impuis-
sants, mais ce désespoir des âmes
fortes, calme, sombre, et qui semble
méditer sur la douleur. — « O mon
» frère! s'écrie-t-il, mon frère!... que
» le soleil ne s'est-il abîmé hier au
» soir dans son lit pour ne jamais
» reparaître!... C'est elle! c'est elle!...
» j'entends un bruit de pas dans la
» vallée.

» — Holà! hé! resteras-tu là-haut
» toute la matinée planté comme un
» signal! est-ce une heure de chrétien
» que celle-ci pour battre les bois? Hé!
» camarade! c'est à toi que je parle, »
lui cria un paysan qui cheminait par
un étroit sentier.

L'étranger ne répondit rien ; mais voyant son espérance déçue , il céda à l'abattement, et se laissa tomber sur le rocher.

« — Il s'assied , je crois! attends, » attends ! nous allons nous parler de » plus près. »

Jeune et leste, le paysan eut bientôt atteint la cime de la montagne, et il s'avança vers cet homme d'un pas ferme et décidé. A sa peau brûlée par le soleil, à ses larges pieds que chaussaient des sandales de chanvre, il était aisé de reconnaître un de ces patrons pêcheurs de Marseille, chez qui le sang phocéen s'est conservé dans toute sa pureté. Ses braies, d'une toile grossière , étaient fixées à son corps par une ceinture à franges ; une chemise de toile bleue, aux larges manches, et ouverte sur la poitrine , composait le reste de son vêtement.

Deux anneaux d'or pendaient à ses oreilles; un bonnet de laine rouge légèrement penché couvrait ses longs cheveux noirs dont les boucles épaisses ombrageaient ses tempes, et faisaient encore ressortir la vivacité de ses grands yeux. Comme presque tous les habitants de ces poétiques contrées, il avait le front large et ouvert, le nez aquilin, la bouche grande et passionnée, le menton à fossettes, la taille élancée, la démarche hardie, vive et fière. Il jouait d'une main avec son bâton; de l'autre, il pressait le manche d'un couteau qui sortait de la poche de ses braies.

« — Crois-tu, l'ami, dit-il en frap-
» pant lourdement l'épaule de l'étran-
» ger, que j'aie passé une moitié de ma
» nuit à tendre des lacs pour n'y pren-
» dre que toi?... Allons, lève-toi, car je
» ne sais pas frapper par-derrière...
» C'est encore vous, maître Gabriel!

» — Que Dieu soit avec toi, Tony
» Bompart.

» — Y a-t-il de la conscience à venir
» empêcher un pauvre diable qui vous
» a sauvé la vie, de gagner la sienne?
» Si j'avais été bien inspiré, le jour que
» vous bûtes un peu plus que votre
» soûl à l'embouchure du Rhône,
» je vous aurais laissé boire jusqu'au
» bout.

» — Que ton vœu n'a-t-il été écrit ce
» jour-là dans le ciel!... Mais en quoi
» t'ai-je fait tort?

» — Voilà deux jours que vous ve-
» nez effaroucher le gibier. Je vous
» avais reconnu hier; je ne croyais pas
» avoir encore affaire à vous aujour-
» d'hui : je sais que vous n'aimez pas à
» respirer long-temps le même air. Dé-
» campez, mon brave homme, et lais-
» sez-moi faire en repos mon métier.

» — Deux besans d'or suffiront-ils
» pour t'indemniser?

» — Est-ce que je les ai gagnés pour
» les prendre ? Allez faire l'aumône aux
» moines.

» — Je sais le moyen de te les faire
» accepter.

» — Je vous en défie : tout pauvre
» que je suis, j'ai quelquefois donné,
» je n'ai jamais reçu.

» — Mais si l'on pendait une seconde
» fois une bourse à tes lacs en guise
» de lièvre ?

» — Comment savez-vous…?

» — Je sais tout; aucun secret hu-
» main ne m'échappe; je lis dans les
» destinées mieux que vos clercs ne
» lisent dans leurs livres, » dit Gabriel
en tenant toujours ses regards fixés
sur la mer.

« — C'est vous, c'est vous qui avez mis
» cette bourse dans mes lacs! Comment
» auriez-vous pu le savoir ? Je ne l'ai ja-
» mais dit à personne, pas même à ma
» mère, pas même à ma fiancée Mar-

» garido. Est-ce vous ? est-ce bien
» vous ?... Alors que le ciel vous con-
» fonde, je ne vous la peux pas rendre;
» je l'ai échangée contre une maison-
» nette, une barque et un morceau de
» terre.

» — Qui parle de te la demander ?

» — J'en parle, moi, j'en parle. Vous
» aviez bien affaire de venir ici ! j'étais
» content, rien ne me manquait : je
» pouvais croire que cet argent m'était
» tombé du ciel; mais avoir là, en face
» de soi, un homme qui peut dire : J'ai
» fait Tony Bompart tout ce qu'il est !
» J'aimerais mieux bêcher la terre en
» plein soleil, quand l'année aurait
» douze mois d'août, et la journée huit
» heures de midi.

» — Calme-toi, Tony Bompart.

» — Que je me calme ! Allez dire à
» un homme de se calmer quand il ap-
» prend que celle qu'il vient d'épouser
» n'est plus vierge ! Vous m'avez gâté

» ma chaumière, les fruits de mon jar-
» din me vont sembler amers. Il fallait
» garder votre argent, ou ne m'en ja-
» mais parler. Et pourquoi m'avoir
» donné cette bourse ? qui vous la de-
» mandait ?

    » — Ne m'as-tu pas sauvé la vie ?

    » — J'en aurais fait autant pour un
» chien… Reprenez votre chaumière,
» votre jardin, votre barque ; je n'en
» veux plus ; mes bons bras dureront
» autant que ma vieille mère ; ils la
» nourriront de leurs sueurs, et per-
» sonne n'aura le droit de m'humilier.

    » — Tony !

    » — Vous m'avez pris peut-être
» pour un de ces cagots de la ville de
» l'Évêque, qui vont à grands coups
» de révérence recevoir aux portes des
» moutiers l'aumône des moines. Tony
» Bompart est né sur le sol libre, et
» s'il n'a pas de pain, la Confrérie du
» Saint-Esprit lui donnera du travail…

»Au lieu de ne pas perdre un moment
»de vue la mer qui ne vous dit rien,
»je vous dis de regarder un peu en
»face l'homme qui vous parle, et de
»reprendre votre chaumière.

»— Elle est à toi, jamais...

»—Que n'est-elle encore de l'or! je
»vous la jetterais au nez. La prendra
»qui voudra : je vais chercher ma
»mère; je laisserai la clef à la porte;
»la barque est amarrée là-bas, près
»de l'église de Montredon.

»— Eh bien! Tony, si vous ne vou-
»lez pas de mon argent, empruntez-
»le-moi; vous me paierez quand vous
»pourrez.

»— L'emprunter! soit. Nous passe-
»rons chez un légiste, et il nous fera
»un bout de parchemin.

»— Votre parole me suffit.

»—Vous n'êtes pas dégoûté! la pa-
»role d'un Marseillais de la ville
»vice-comitale vaut mieux que les

» parchemins de tous les cagots de la
» ville de l'Évêque. Voilà ma main,
» topez et promettez-moi de ne plus
» revenir, car si vous continuez à rô-
» der autour de mes lacs, je ne sais pas
» comment je pourrai acquitter ma
» dette. Le poisson devient si difficile
» qu'il ne veut plus mordre.

» — Soyez tranquille : heureux ou
» malheureux, je ne reverrai plus ces
» montagnes ; depuis hier j'y ai souffert
» dix agonies.

» — A la bonne heure. Je vais dé-
» tendre mes piéges. »

Tony se mit alors à ramasser, en
sifflant, ses lacs épars : « La journée
» n'est pas mauvaise ! pensait-il. Cette
» bourse me pesait sur le cœur. Main-
» tenant on ne pourra plus dire que
» la maison Bompart a poussé sans
» graine comme un champignon. Je
» veux m'acquitter dans l'année. Si
» la chasse ou la pêche ne donnent

»plus, j'irai faire du négoce dans le
»Levant. — Adieu, mon maître, dit-
»il ensuite à haute voix. Quand vous
»passerez à Marseille, n'oubliez pas
»de venir au quartier du Mazeau chez
»la mère Bompart. Il y aura toujours
»quelques sous coronés dans l'é-
»pargne.

»—Tu pars déjà! je ne sais quel
»pressentiment me dit de te retenir.

»— Si vous avez besoin de moi, je
»resterai, mais je m'expose. Ne dirait-
»on pas, aux précautions qu'il faut
»prendre, que je fais ici un métier de
»voleur? Depuis que le baron d'E-
»venos a entouré sa bicoque de hautes
»murailles on ne peut plus venir ici
»faire du bois ni chasser le gibier.

»— Connais-tu le baron d'Evenos?

»—Non, et je ne m'en soucie guère.
»C'est le Senhor le plus orgueilleux,
»le plus dur, le plus intéressé! Il fe-
»rait bien mieux d'aller s'établir là-

» haut, à Aix, dans cette ville où est
» leur Senhor comte de Provence; son
» orgueil y pousserait en plein fumier;
» le peuple d'Aix est fait à courber le
» dos et avoir le bonnet à la main
» au passage d'un noble homme. Ici
» nous gardons tous nos saluts pour les
» marchands qui nous font vivre.

» —Le Senhor d'Evenos est intéres-
» sé! tant mieux... C'est elle! c'est elle
» cette fois! » s'écria Gabriel en se levant précipitamment: « Tony, n'aper-
» çois-tu pas une barque?

» — Diable! vous avez de bons yeux!
» moi, qui ai l'œil marin, c'est à peine
» si je l'aurais aperçue; c'est comme un
point noir.

» — Gloire à Dieu! » dit Gabriel en
croisant ses bras sur sa poitrine.

« — Si vous attendez les gens qu'elle
» porte, vous avez le temps d'attendre.
» Elle en a encore pour deux bonnes
» heures de trajet.

» — Deux heures! grand Dieu! » dit Gabriel, et il se rassit lentement.

Tony prit place auprès de lui, et tous deux, les yeux fixés sur la barque, gardèrent un long silence. A mesure que le point noir grossissait à l'horizon, le visage de Gabriel s'ouvrait à la joie. Si quelquefois les vagues lui dérobaient la nef légère, il se levait, il étendait la main, comme s'il avait voulu fendre l'eau rebelle ; il prêtait l'oreille comme pour entendre le bruit des rames ; on eût dit que son âme était tout entière avec le frêle esquif. Tony, les coudes appuyés sur ses genoux, le menton caché dans ses larges mains, observait la mer.

« — Si ma fiancée Margarido était
» sur cette barque, dit-il enfin, je ne
» resterais pas si tranquillement assis
» sur ce rocher ; mais je ne le voudrais
» pas pour toute la comté de Provence.

» — Pourquoi donc?

» —Ne voyez-vous pas que le vent
» a changé? Quand la barque aura
» doublé le Cap, le vent qui souffle
» par les échappées des montagnes la
» jettera sur les récifs de la côte.

» —Dieu! » s'écria Gabriel, et il
porta la main à son front.

La nef fendait toujours rapidement
les eaux; déjà même on pouvait distin-
guer le sillon qu'elle traçait au loin
derrière elle sur la mer à peine agitée.
Elle double enfin le Cap. Ses mouvements inégaux annoncent qu'elle est
assaillie par la tourmente; bientôt des
lames énormes la dérobent aux yeux;
tantôt elle s'élève, tantôt elle s'abaisse
comme si elle allait s'abîmer; on devine
à sa marche pénible qu'elle lutte contre
le vent; un moment elle disparaît. Gabriel pousse un cri de douleur et se
jette la face contre terre; mais bientôt
elle reparaît encore, et on la voit, par
un mouvement rapide, courir vers les

rochers qui bordent la plage. Sans
doute les bateliers, épuisés de fatigue,
n'ont pu lutter plus long-temps : les
malheureux! ils vont périr.

« — Baissez la voile, tournez la proue
» vers le Cap, leur crie Tony; gagnez
» le large à force de rames.

» — Non, non! » dit Gabriel en met-
tant, comme par un mouvement convulsif, ses deux mains sur la bouche
de Tony; mais c'était bien en vain,
car la voix de Tony se perdait dans le
vide de l'air et ne pouvait arriver jusqu'à la barque.

« — Ils sont perdus, perdus sans res-
» source... Eh bien! que faites-vous là?

» — Je cherche à calculer quelle
» somme de maux peut supporter le
» cœur humain sans se briser.

» — Calculez, calculez; moi je vais
» tâcher de les sauver. »

Il dit, et dédaignant le sentier tracé
qui aurait alongé le chemin, il s'é-

lance sur les saillies des rocs dont le penchant de la montagne est hérissé. Un moment de vertige, le moindre faux pas le perdrait sans retour ; mais il est fait à ces courses périlleuses : son pied est aussi ferme sur ces raides escarpements que sur le tillac d'un navire ou sur le pavé des villes. C'est dans son impétuosité fougueuse qu'il trouve sa sûreté ; car il est des moments où l'homme est mieux guidé par son instinct que par sa raison. De bonds en bonds il parvient enfin jusqu'au dernier pic, dont l'ombre se projette au loin dans la mer : il hésite un instant ; il essaie d'abord de se glisser le long de la roche, mais elle s'élève d'une manière si égale, sa pente est si peu inclinée, que les oiseaux du ciel peuvent seuls affronter ce terrible passage. Cependant la barque touche presque au rivage, elle va se briser. Tony mesure de l'œil la profondeur du gouffre, fait un signe de croix, appuie ses deux coudes sur sa poitrine, ses deux mains sur ses épaules, et se précipite dans les flots. A peine revenu de l'étourdissement de sa chute, il fend d'un bras vigoureux la vague écumante ; il atteint la barque, la saisit fortement, s'élance, y entre, court au mât, baisse la voile, arrache le gouvernail, et se jette sur les rames.

« — Nous sommes trop avancés » pour gagner le large, dit-il, essayons » de dériver tout doucement.

» — Vous êtes notre sauveur !

» — Est-ce qu'il y a du bon sens à » confier une barque à un enfant ! et » une barque toute neuve encore ! » Quoi ! tu es seul !...

» — Avec ma sœur.

» — Où donc est-elle ?

» — J'avais jeté une voile sur elle, » afin de ne pas la voir souffrir.

» — Et d'où venez-vous ?

» — De bien loin, bien loin.

» — Attention, voici le moment.
» Prends cette corde, tiens - la bien
» ferme. Je vais sauter sur le rivage.
» Là... là... nous y sommes. Viens
» ici et amarre... Arrivez donc ! il est
» temps ! » dit-il ensuite à Gabriel, qui
se traînait péniblement sur le rivage,
les pieds et les mains ensanglantés.
« Voilà tout votre monde ; la sœur dort
» d'un évanouissement... Ha, hé ! la
» sœur !... le danger est passé... Il pa-
» raît qu'elle ne le veut pas croire ; elle
» ne se réveille pas. »

Tony rentra dans la barque, et sou-
leva la voile qui couvrait cette femme.
Sa pâleur faisait encore ressortir la
noble régularité de ses traits. Un large
mouchoir de soie verte était roulé en
turban autour de sa tête ; sa robe à
longs plis était largement échancrée
par-derrière, et ses manches, au lieu
de pendre, serraient étroitement le

contour de ses bras. Elle était couchée
sur un coffre d'un bois luisant, artis-
tement travaillé, et elle portait sur
son cœur une cassette sur laquelle
brillaient des lames d'or. Quand Tony
l'eut rappelée à la vie, il la chargea sur
ses épaules et la déposa sur le sable.

« —J'ai fait ce qu'un honnête débi-
» teur doit faire pour son créancier,
» dit-il; maintenant je pars.

» — Quoi! tu me quittes! tu te dé-
» robes à ma reconnaissance !

» — Reconnaissance tant qu'il vous
» plaira : mais j'ai des yeux, et je vois
» que je suis avec des gens suspects. »
Gabriel tressaillit.

« — Où cette jeune femme a-t-elle
» pris les vétements qu'elle porte? je
» n'en ai jamais vu de semblables sur
» une chair chrétienne. En quelle lan-
» gue lui parliez-vous tantôt?... Vous
» êtes de ces Marabous qui habitent
» les collines des Maures, et viennent,

» la nuit, ravir les enfants dans les chau-
» mières. Si j'en étais sûr ! » ajouta-
t-il en portant la main à son couteau.

» — Les Sarrasins sont tous morts,
» jusqu'au dernier ; on les a traqués
» comme des bêtes fauves : ni les en-
» fants ni les femmes n'ont été épar-
» gnés.

» — C'est possible ; mais au lieu de
» chercher à me tromper, moi qui ne
» peux ni vous être utile, ni vous nuire,
» vous feriez sagement de vous mieux
» envelopper de votre caban ; votre
» tunique vous trahit.

» — C'est un vœu que j'ai fait au
» mont Liban de porter le costume des
» moines.

» — Soit. Adieu ! Je suis un peu
» trempé, mais dix minutes du soleil
» de Provence sécheraient tout le linge
» des pays chrétiens. »
Comme il parlait, le son mourant
d'une cloche vint frapper ses oreilles.

«— Que de temps vous m'avez fait
»perdre! Voilà le moment; si je ne
»cours pas à toutes jambes, je ne pour-
»rai pas avoir de la corde du pendu.»

A ces mots, la jeune femme tomba
sans connaissance. Gabriel prit vivement la cassette, et dit à Tony : «Mar-
»chons; guide-moi.»

CHAPITRE II.

LE MARABOUT.

> La cosa che prima gli colpi lo sguardo, furono
> due travi alzati, con una corda e con certe
> alte carriuole; e non tardò a riconoscere...
> l'abominevole macchina del tormento.
>
> MANZONI.

Avez-vous jamais suivi le cours du Veaune dans le vallon qu'il arrose de son limpide filet d'eau ? Plus il s'avance vers la mer, plus son lit se resserre, et ses flots, devenus profonds, se teignent d'une couleur verte empruntée aux prairies qu'il baigne. Les monts qui l'ont accompagné jusque là, l'abandonnent alors, et ses rives s'étendent en une vaste plaine coupée par des vignobles, de pâles oliviers, dont

la verdure poudreuse semble une me-
nace d'hiver au milieu des feux de
l'été, et ces mille arbres, au feuillage
élégant, aux fleurs suaves, qui portent
des fruits inconnus au froid soleil du
nord. Dans les touffes de myrte, de
genêt et de laurier-rose, sur les branches souples du lentisque et du gre-
nadier, jouent des essaims d'oiseaux
sans nom, qui vont, comme l'abeille,
butiner dans les fleurs, et semblent
ne se nourrir que de parfums et de
rosée. Là, point de venimeux reptiles;
si quelquefois, sur le tronc d'un fi-
guier nouvellement abattu, la cou-
leuvre, recourbée en gracieux replis,
boit le soleil et dresse au bruit de vos
pas une tête attentive, poursuivez
sans crainte votre route; timide, car
elle est sans défense, elle va s'enfuir
sous l'herbe, et cacher dans un épais
buisson le feu vif et doux qui brille
dans ses yeux rapides, le long cordon

noir qui serpente sur sa peau chan-
geante. A cet air pur, aux ravissants
mystères qui se passent dans les feuilles quand le vent les agite, à cette
vie puissante qui anime les arbres, les
plantes, les oiseaux, les plus faibles
insectes, vous croiriez être transpor-
tés dans ces belles oasis de la terre
d'Égypte, qui dans les récits des con-
teurs vous semblent un rêve de
poète.

Rapide comme tous les ruisseaux de la
Provence, le Veaune coule avec lenteur
en s'approchant de son embouchure.
Il ne quitte qu'à regret cette rive, la
plus belle de celles qu'il embrasse dans
ses étroits méandres. Alors, dans ce
spectacle si fécond en contrastes et en
scènes variées, commence une nouvelle et dernière scène qui achève
dignement les premières. Ici, c'est une
mer étincelante, semée d'îles et de
promontoires, tantôt unie comme un

miroir, tantôt soulevant ses vagues émues; là, de riants coteàux couverts de pins au majestueux éventail, de figuiers aux larges feuilles, de hautes vignes qui courbent en berceaux leurs ceps vigoureux chargés de raisins de diverses couleurs. La plaine, couverte d'herbes et de fleurs, ombragée par des mûriers et de vastes tilleuls, se déploie au loin, et semble ne mourir qu'avec l'horizon au pied de ces monts pelés que dévore le soleil, et qui tracent sur un ciel d'azur des lignes si pures et si déliées. De quelque côté que se portent les regards, ils rencontrent de délicieux points de vue. Dans ce long rideau de collines, celle-ci est raide et escarpée, celle-là arrondie et gracieuse dans ses contours; toutes s'entrelacent, s'enchaînent, courent de cime en cime jusqu'au moment où elles rencontrent celle qui, les dominant toutes, offre à l'œil la

fidèle et immense image d'une figure
humaine. Aussitôt le mouvement s'a-
paise, et les monts semblent se replier
brusquement sur eux-mêmes. On dirait un géant céleste qui arrête, par
son seul aspect, la course vagabonde
de ces collines révoltées.

Tout invite le voyageur à égarer
ses pas dans ces belles prairies dispo-
sées en amphithéâtre, et doucement
inclinées vers le fleuve. En s'avançant
dans la plaine, il voit les montagnes
fuir à l'horizon; l'herbe est déjà plus
rare; de loin en loin, des azeroliers,
dont le bois luisant et uni semble
avoir été travaillé par la main des
hommes, marient leur feuillage ciselé
à la verdure de l'arbousier, élégant
arbuste qui porte à la fois de larges
fleurs blanches, des fruits verts, et
des fraises veloutées et sanglantes. Au
lieu de ces arbres qui se plaisent au
bord des ruisseaux, des pins droits

comme des colonnes projettent sur
une terre aride leur ombre tiède et
sèche. La campagne meurt en une
lande coupée çà et là par des buissons
de chênes nains, où les femmes vont
récolter, à l'aube du jour, l'insecte
précieux qui donne le kermès. Bientôt ces derniers restes de végétation
disparaissent, et une mer de sable
s'offre à l'œil ébloui : c'est le désert
après l'oasis. Quand le soleil tombe
d'aplomb sur ces lieux désolés, les
insectes eux - mêmes se reposent
vaincus par la chaleur ; les cigales
seules font entendre leurs cris rau-
ques et monotones; si un pan de mu-
raille, vieil enclos d'un champ qui
dort sous les sables, est resté debout,
et si un frêle arbrisseau a pris nais-
sance dans cet abri, on les voit pendre en grappes vivantes aux branches
dégarnies de feuilles.

Non loin de là, au bord d'une mer

tranquille, s'élève le hameau de Mont-
Redon. Il doit son nom à un tertre
de sable et de gravier de forme ronde
que les pluies d'automne et le soleil
d'été ont lentement durci. On n'y voit,
dans la journée, que quelques enfants
à demi nus qui jouent dans les stériles
jardins dont les cabanes sont entou-
rées, et des femmes revêtues d'un
court jupon de laine brune, qui filent
le chanvre ou tressent des filets. Les
hommes sont sur la mer, occupés à
la pêche du poisson et des coquillages;
ils ne rentrent au gîte que lorsque la
nuit vient rendre leurs travaux impos-
sibles. Mais aujourd'hui les barques
n'ont pas quitté le rivage; femmes,
enfants, hommes, vieillards, tous sont
au pied du Mont-Redon, mêlés à un
peuple immense accouru de la ville
et des hameaux voisins. En se levant
ce matin, le soleil, au lieu de frapper
le tertre de ses premiers rayons, a

rencontré dans les airs le triste in-
strument du supplice.

Au son de la cloche, un long mur-
mure de joie s'éleva de la foule.

« — Les voici ! les voici !

» — Les vois-tu ?

» — Pas encore , on ne voit que la
» poussière.

» — Ehie ! Felippo, toi qui le con-
» nais , comment est-il fait ?

» — Ni beau , ni laid, ni jeune, ni
» vieux , ni gras , ni maigre.

» — Il doit être bien malade en ce
» moment.

» — Et d'une maladie pour laquelle
» maître Arnaud l'apothicaire ne vend
» point de remèdes.

» — Non, c'est le cordier qui en
» vend.

» — Dis donc que c'est le cordier
» qui tue.

» — Au contraire, il guérit de l'a-
» gonie.

» — Fi donc, fi ! patron Felippo ! se
» moquer ainsi d'un pauvre patient ! »
dit un gros homme qui était près
d'eux.

« — Vous le prenez à votre aise,
» mon maître, vous qui dormez tran-
» quillement la nuit à Marseille, der-
» rière de bons remparts, sous de
» bonnes serrures, on ne vous peut pas
» voler vos enfants.

» — Il n'est pas sûr qu'il les ait volés.

» — Et qui donc ? cet homme est
» resté quinze jours à Mont-Redon, et
» dans quinze jours trois enfants ont
» disparu.

» — L'as-tu vu les prendre ?

» — *Tron de Diou !* (1) Si je l'avais
» vu, il ne les aurait pas pris.

(1) Ce juron provençal est trop connu pour qu'il
soit utile d'en donner ici l'explication. C'est une
chose assez remarquable, que le même jurement
existe en catalan, à une légère différence près. Au
lieu de *Tonnerre de Dieu*, les Catalans disent *Eclair
du Ciel, Lan del Ciel*. La phrase est entièrement pro-

» — Ainsi, personne ne l'a vu! On
» commence à pendre lestement les
» gens dans votre République.

» — Qui parle mal de la Républi-
» que? » dit un citadin en fermant les
poings et en s'approchant des deux
patrons et de leur interlocuteur.

» — Ce n'est rien, ce n'est rien ; cet
» homme a un coup sur l'aile (1), lais-
» sez-le dire.

» —C'est donc toi qui prends la dé-
» fense de ce Satan? » dit une vieille
femme ; « on a tort de le pendre, on
» nous le devrait donner pour le hacher
» en morceaux.

» — Il m'a pris ma petite Babet pen-
» dant que j'étais au prône ; mon homme
» n'en dort plus depuis un mois ; il en
» a perdu le boire et le manger.

vençale ; mais l'on sait que la langue catalane est l'un
des nombreux dialectes de l'idiome roman.

(1) Expression qui correspond à l'expression française : Avoir le timbre fêlé.

» — Et moi, Gigé, mon petit garçon,
» ma seule espérance de soutien depuis
» la mort de mon pauvre Toussaint, »
dit en sanglotant une jeune femme
vêtue de noir.

« — Et Catharina ? il lui a pris son
» enfant à la mamelle. Le patron Jean
» n'a plus voulu épouser la pauvre fille
» depuis la perte de l'enfant qu'il lui
» avait fait, et elle s'est jetée à la mer.

» — Votre patron Jean est un in-
» fâme ! » s'écria la vieille ; « Dieu le
» punira.

» — Dieu l'a puni. Jean est venu
» hier me prier de l'aider à retirer ses
» filets ; ils étaient si lourds, si lourds,
» qu'il croyait avoir pris une lamie (1).
» Nous nous mettons à tirer, tirer, et
» nous amenons... quoi ? Le corps de
» Catharina. Les filets sont en si

(1) Un requin.

»mauvais état qu'ils ne pourront plus
» servir.

» — C'est bien fait!

» — Entendez-vous la cloche qui
» sonne le glas, comme pour l'agonie
» d'un chrétien? attends que nous al-
» lions à l'église prier pour ton âme!

» — Pour son âme! s'il en a une, il
» l'a vendue si cher au diable que tout
» l'argent des moutiers dépensé en
» messes ne le pourrait pas faire aller
» en purgatoire.

» — Le voici! le voici!

» — Il ne le faut pas laisser pendre, »
criaient les femmes, « sa mort serait
» trop douce. Il ne le faut pas laisser
» pendre! Prenez-le, prenez-le; nous
» lui arracherons le cœur pour lui en
» battre les joues.

» — Respectez au moins la justice
» que vous-même avez établie, » dit le
gros homme.

« — Mon maître, voilà la première

» parole sensée qui soit sortie de votre
» bouche, » dit le citadin.

« — Et ce ne sera pas la dernière.

» — Je vous conseille de vous y tenir,
» vous pourriez la gâter.

» — J'ai vu juger ce malheureux, »
poursuivit le gros homme, en éle-
vant la voix. « Qu'a-t-on prouvé ? rien.
» A-t-on fait seulement les épreuves
» de l'eau et du feu ?... Messer le po-
» destat de la ville vice-comitale s'est
» assis sur la porte de l'église ; on a
» rassemblé deux ou trois chefs des
» corps de métiers, on en a fait des
» juges, et l'on a condamné l'accusé
» sans le mettre un seul petit moment
» à la question. S'il avait pu dire : Je
» suis chrétien, tout était fini, car en-
» fin des enfants peuvent se perdre, se
» noyer, et des chrétiens ne se font pas
» voleurs d'enfants. On a interrogé fort
» tranquillement cet homme ; on lui
» a demandé au moins cent fois : Qui

» es-tu? sans qu'il daignât répondre.
» Avec un petit quart d'heure de ques-
» tion, vous en auriez tiré tout ce que
» vous auriez voulu. Vous n'entendez
» rien à juger dans votre ville libre. »

» — On s'y entend mieux chez vous,
» n'est-il pas vrai ?

» — Au moins nos juges savent lire.

» — Et à qui faut-il s'adresser, s'il
» vous plaît, pour juger les gens qui
» commettent des crimes sur le terri-
» toire de la république ?

» — A notre Senhor l'évêque, à ses
» clercs...

» — C'est un espion de l'évêque,
» tombez sur lui, tombez sur le Cagot! »

Le peuple, que quelques bourgeois
s'efforçaient vainement de retenir, se
précipita sur le malencontreux ora-
teur.

« — Reste dans ta ville de Cagots, »
disait l'un.

« — Va prêcher en chaire, et ne viens

» pas prêcher sur le territoire libre ; »
disait l'autre.

« — Fouettez-le, fouettez-le pour son
» sermon : l'évêque bénira la place en-
» core chaude.

» — Albigeois ! hérétiques ! » criait
le pauvre diable en essayant d'échapper aux vigoureuses mains qui l'a-
vaient saisi.

« — La bête est grasse.

» — Nous ne nous ferons pas mal
» aux mains.

» — A vous, mon maître, la pre-
» mière claque.

» — Je sais trop ce que je vous dois.
» Après vous.

» — Je n'en ferai rien.

» — Si vous le voulez absolument !...

» — Oui ! oui ! à vous. »

Rouge de honte et de colère, le
patient résistait de toute la force de
ses jarrets à ceux qui voulaient ployer
son corps pour la commodité des exé-

cuteurs. Déjà on avait mis bas ses vêtements, et on allait réussir à lui faire prendre l'humiliante attitude, lorsque Felippo, qui avait vainement intercédé en sa faveur, cria d'une voix qui dominait le tumulte: « Mes maîtres! » mes amis! un peu de pitié! il prê- » chait pour son saint: c'est le bedeau » de la Major.

» — Tant mieux, tant mieux! fouet- » tons le bedeau,» criaient les femmes; » « il ira se laver dans le bénitier.

» — Le bedeau de la Major! » dit, en repoussant le pauvre homme, le ci- tadin qui était l'un des plus acharnés: « le bedeau de la Major! pouah! mes » mains sentent le pain béni!

» — Qu'il est bien nourri le be- » deau de la Major! On voit qu'il » mange les cierges de la Bonne » Mère. (1)

(1) La Sainte-Vierge.

» — Il a la peau blanche, le bedeau !
» il vit à l'ombre. »

De longs éclats de rire, des huées accueillaient le malheureux bedeau, dont la lourde masse était poussée et repoussée en tout sens comme un ballon sur des raquettes.

« — Ouh ! ouh !... le mangeur de
» pain béni !

» — Qu'as-tu fait de ta hallebarde,
» senhor bedeau ?

» — Bah ! il ne s'en sert que contre
» les rats d'église.

» — Fouettons le bedeau ! fouettons
» le bedeau ! »

Dieu sait jusqu'où seraient allés les quolibets si une scène nouvelle n'eût fait diversion à cette joyeuse scène, et n'eût attiré tous les regards et toute l'attention de la foule. En ce moment le lugubre cortége arrivait au pied du Mont-Redon.

Quatre soldats de la milice bourgeoise, revêtus d'une cotte-de-mailles, le casque en tête et une longue pique sur l'épaule, s'avançaient à pas lents. Derrière eux marchait le patient, en chemise, les pieds nus, les mains liées, la fatale corde au cou. Sa contenance était calme, mais peut-être y a-t-il dans ces moments extrêmes quelque chose qui, passant les forces de l'homme, ne laisse pas à l'abattement la faculté de sentir; car il promenait sur le peuple des yeux sans regards. On eût dit que c'était un corps sans âme qui obéissait par un reste d'instinct à un mouvement machinal. A ses côtés était un prêtre en longs habits de lin, tenant entre ses mains étroitement serrées le signe de notre rédemption. Un homme d'une haute stature, la chemise retroussée jusqu'aux coudes, enveloppé d'un manteau rouge, cheminait la tête basse comme s'il eût voulu se dérober à

tous les yeux. Venait ensuite une ci-
vière vide portée par deux fossoyeurs :
une bêche tenait la place qu'allait occuper le patient quand le bourreau
en aurait fait un cadavre. Quatre soldats, l'épée nue, fermaient la marche.
Singulière énigme que le cœur humain ! Dans cet horrible droit de tuer
que la société s'arroge, c'est par la
crainte de la mort que le patient se
laisse pousser au supplice !

Le peuple n'est cruel que lorsqu'il
exerce lui-même ses vengeances : alors
il se plaît à se baigner dans le sang, à
sourire aux tourments de ses victimes ;
mais quand il voit la justice s'avancer
calme, impassible, pour tuer sans
colère, à l'horreur qu'inspirait le crime
du coupable succède aussitôt la compassion. Un morne silence régnait
dans l'assemblée ; et lorsque le malheureux arrivé près de l'éminence
s'apprêta à franchir le dernier espace

qui le séparait de l'éternité, on entendit un sourd gémissement couvrir
les imprécations de quelques femmes
acharnées.

Tout-à-coup la foule s'agite. On entend crier de toutes parts : «—Place!
place! » Un homme, couvert de sueur,
éperdu, hors d'haleine, cherche à se
faire jour pour arriver jusqu'auprès
du patient : « — Arrêtez! arrêtez! »
s'écrie-t-il.

« — Qu'est-ce? qu'est-ce?

» — C'est son frère!» dit Tony Bom-
pard.

« —Son frère! Pauvre malheureux!
» ne le laissez pas approcher.

» — Place! place! »

Gabriel parvient enfin à percer la
foule qui s'écarte pour lui donner
passage. « Arrêtez! arrêtez! » s'écrie-
t-il d'une voix presque éteinte.

Les soldats croisent leurs piques,
mais il franchit cet obstacle, et

court se jeter dans les bras de son
frère, qui, insensible, inanimé, le regarde d'un air stupide, et ne répond
point à des embrassements qu'il ne
sent pas.

« — Braves Marseillais ! » dit Gabriel, « on vous trompe. Mon frère
» n'est point coupable.

» —Et mon fils? » s'écria la veuve,
« Mon fils! qu'il me rende mon fils.

» — Silence, malheureuse !

» — Accordez - moi une grâce; je
» vous la demande à genoux.

» —Parlez ! parlez !

» — Mais vous ne pouvez pas dé-
» truire ce qu'a fait la justice de la ré-
» publique? » dit le capitaine de la
porte Lauret qui commandait les
piquiers.

« —Silence, les soldats !

» — Le senhor capitaine a raison.
» L'homme est jugé.

» — Et bien jugé, dit le citadin.

» — Tiens ! parceque ces gens là
» ont une méchante pique sur l'é-
» paule, ils nous croient faire peur !

» — J'ai reçu mon prisonnier des
» mains du senhor podestat, dit le ca-
» pitaine ; je ne le dois quitter qu'après
» l'avoir vu bien et dûment pendu.

» — Le senhor capitaine ne fait que
» son devoir, » dirent quelques assistants au peuple qui commençait à
murmurer.

« — Eh ! par le Saint-Esprit, patron
» de la république, qui songe à vous
» ôter votre prisonnier ?

» — Personne n'y songe.

» — Oui, oui ; respect à la justice
» de la république ; mais on peut bien
» écouter cet homme.

» — Braves Marseillais, » dit Gabriel, « accordez encore à mon frère
» trois heures de vie. Je vous en con-
» jure par votre Dieu, par vos liber-
» tés. Ce délai peut vous épargner un

» crime. Si je ne reviens pas avec sa
» grâce... alors... » Les sanglots étouf-
fèrent sa voix.

« —͏ Oui ! oui !

» — Avant trois heures nous ne lais-
» serons pas toucher un seul cheveu
» de sa tête.

» — Nous le jurons.

» — Mais... » dit le capitaine.

« — Silence, les soldats !

» — Sa grâce, à ce mécréant ! » s'écria
la vieille.

« — Et qui la lui peut donner ? les
» chefs de métier ?

» —Mon maître, » dit alors le citadin
à Gabriel, « si vous n'êtes pas sûr de
» l'obtenir vous lui aurez donné une
» bien longue agonie. »

En ce moment les regards errants
de Gabriel tombèrent sur l'homme au
manteau rouge.

« — A ton costume... à tes traits...
» lui dit-il... Donne-moi ta main... Ma

» chair n'a pas frémi. Je suis sûr de
» réussir. Ce n'est pas par ta main que
» doit périr mon frère.

» — Trois heures ne sont pas lon-
» gues, » dit Tony, « n'en perdez pas
» une minute.

» — Oh! viens! viens!...

» — Que Dieu te protège!... » cria
le peuple.

Et l'homme au manteau rouge alla
s'asseoir, les bras croisés, au pied de
la potence.

CHAPITRE III.

LE BAILE.

Mais exploitiés tost vostre affaire,
Car là-dedens n'ai jou que faire.

Le château du baron d'Evenos, flanqué de deux longues tourelles, s'élève au-delà des sables, sur une colline isolée. Un étroit sentier jeté sur des abîmes sans fond lui sert d'avenue; un pont-levis défend la porte d'entrée. Dans la cour, protégée par de hautes murailles, deux sentinelles veillent incessamment; leurs *qui vive* répétés, et les aboiements de la meute du châtelain, interrompent seuls le long silence qui y règne. Les deux ailes du vaste bâtiment tombent en ruines, et d'innombrables bandes de pigeons sauvages y font leur demeure. Le corps de logis, élevé de deux étages que surmonte une large terrasse, est percé d'un grand nombre de croisées en ogives ; il porte cet air de vétusté qui s'attache aux anciens édifices. La blancheur des deux tourelles dont l'œil a peine à soutenir l'éclat quand elles réfléchissent les rayons du soleil, accuse une construction récente. Il faut que le Senhor d'Evenos soit bien puissant ou bien hardi, pour avoir osé ériger sa demeure en donjon féodal. C'est le premier fief qu'ait porté le territoire de la fière Commune, et il ne reste debout que parcequ'il est encore inaperçu. Que le Senhor d'Evenos se munisse d'une bonne épée, et qu'il s'entoure d'amis nombreux, s'il a

conçu les projets qu'on lui prête. Mais
Dieu seul connaît l'avenir.

Un mouvement inaccoutumé règne
dans la cour. Des paysans, armés de
longs couteaux de chasse, sont rangés
sur deux files ; un homme, dont l'âge
a blanchi les cheveux, court de l'un à
l'autre ; il frappe la terre du pied, il
donne les signes de la plus vive impatience, tandis que le Baile (1), revêtu
d'un court manteau noir, et assis sur
les premiers degrés du perron, le regarde d'un air railleur.

« — Vous vous donnez bien du mou-
» vement, maître Bovis.

» — Senhor Baile, depuis qu'on a
» changé l'ancien pied de la maison
» je perds la tête : je crois être dans
» une forteresse.

(1) Bailly. Le mot français et le mot roman viennent du latin *bajulus*, portefaix. On l'applique par
métaphore aux officiers de justice.

» — Pauvre homme!...» dit le Baile
en souriant.

« — Tenez, entre nous, je crois que
» notre maître ferait bien mieux de
» vivre en plein air comme par le passé,
» que d'écouter les folies qui lui pas-
» sent par la tête.

» — Ah! vous appelez cela des fo-
» lies!... Ils n'ont l'idée de rien dans
» ce pays.

» — Ecoutez donc, je suis un bon et
» franc Marseillais : je n'ai jamais vu
» d'autres tourelles que celles de l'ab-
» baye de Saint-Victor, et l'on assure
» qu'il n'y a que les moines à qui les
» tourelles ne portent pas malheur.

» — Ces gens-là sont incroyables !»
dit le Baile en riant d'un gros rire...
« Avez-vous tout votre monde ? peut-
on se mettre en marche ?

» — Pas encore; nos gens sont allés
» se divertir à l'île de Mayre. Je les ai
» envoyé querir.

» — Il s'agit bien de l'île de Mayre !
» S'absenter du château quand on les
» a convoqués ! Oh ! le Baron de Flas-
» sans, Dieu veuille avoir son âme ! ne
» l'aurait pas souffert ; il les aurait
» tous jetés au cachot, pour l'exemple.
» C'était cela un bon maître ! Heureu-
» sement que me voilà, et je saurai
» bien rétablir l'honneur du château.

» — Prenez garde ! le Senhor d'Evenos
» n'a pas déjà une grande réputation
» de douceur dans le pays. Nous avons
» peine à trouver des varlets ; si vous
» les traitez trop durement, ils pren-
» dront leur congé.

» — Ils... prendront... leur... congé !
» De plus fort en plus fort ! D'où sor-
» tez-vous donc, mon pauvre maître
» Bovis ? Où voulez-vous qu'ils aillent ?
» Des serfs prendre leur congé ! La loi
» est précise : *Quum servus adstrictus*
» *glebæ*... Mais vous ne m'entendriez
» pas.

» — Sur mon âme, depuis six mois
» que vous êtes ici, je n'ai pas pu com-
» prendre un mot de ce que vous dites.
» Quand je vous parle de paysans qui
» nous ont quittés, vous m'ordonnez
» de courir après les cerfs; quand je
» vais toucher des fermages, vous me
» parlez de roi des... roi des...

» — Redevances.

» — Il faut que nous n'ayons pas
» appris en naissant la même langue.
» Et aujourd'hui encore, n'est-ce pas
» dimanche? si les varlets veulent al-
» ler s'amuser à voir pendre le Mara-
» bout, soit; mais s'ils ne le veulent
» pas, pourquoi les y forcer?

» — Pourquoi? pourquoi? ne sais-
» tu pas, maître Bovis, que c'est moi
» qui aurais dû, en bonne justice,
» faire appliquer ce Marabout à la po-
» tence?

» — Vous!

» — En vertu des droits de notre
» Senhor et Maître.

» — Comment cela?

» — Le Marabout a commis le
» crime sur les terres du Senhor d'E-
» venos.

» — C'est vrai.

» — Donc, c'est moi qui le devais
» juger.

» — Voilà ce que vous ne me ferez
» jamais comprendre.

» — Tête dure! ne sais-tu pas que
» le Senhor d'Evenos a, en sa qualité
» de noble homme, droit de vie et de
» mort sur...?

» — Bah! je croyais qu'il n'avait
» droit de vie et de mort que sur son
» gibier.

» — Et son gibier? tout le monde se
» mêle de le chasser.

» — Le plus déplaisant, c'est que les
» chasseurs passent toujours dans le
» semé.

» — Si jamais j'attrape un de ces
» coquins de braconniers !... pendu,
» sans miséricorde.

» — Ah ! laissez donc !... on ne pend
» pas un homme pour un lapin. Vous
» me ferez croire tout ce qu'il vous
» plaira, mais celle-là est trop forte.

» — Tel que tu me vois, j'en ai fait
» pendre plus de dix en ma vie.

» — Écoutez, Senhor Baile ; il n'est
» guère poli de se gausser ainsi des
» gens à leur barbe.

» — Pauvre benêt !... Mais oui, oui, »
reprit-il ensuite en soupirant : « j'ou-
» blie toujours que je n'appartiens plus
» au Baron de Flassans. Qui m'eût dit
» qu'un jour je serais Baile d'un Senhor
» qui n'a pas la force d'intenter le plus
» pauvre petit procès criminel !... Digne
» Senhor de Flassans ! à jamais regret-
» table Senhor de Flassans ! je vous vois
» encore armé de pied en cap, visitant
» vos domaines, taxant le serf, ran-

» çonnant le vilain, détroussant le pas-
» sant !... Il est vrai que nous avions
» des titres superbes, droits de haute
» et moyenne justice, corvée, taille,
» exactions et le reste. Ici vous avez
» des terres magnifiques, de beaux
» troupeaux, de bon vin, de l'huile à
» souhait, mais pas plus de parchemins
» que n'en tiendrait ma main, à peine
» de quoi prouver le lignage ; tandis
» qu'au château de Flassans !... Je crois
» voir d'ici la longue avenue qui me-
» nait au manoir, la potence plantée
» en permanence devant la porte ! Les
» enragés de serfs m'y attachèrent un
» soir par surprise, mais le lendemain
» le Senhor de Flassans...

» — Il vint couper la corde !

» — Il menaça de décimer le village
» jusqu'à ce qu'on eût livré les cou-
» pables. Il y a plaisir à servir un noble
» homme comme celui-là !...

» — Et pourquoi l'avez-vous quitté ?

» —Hélas! c'est bien lui qui m'a
» quitté! Un matin on le trouva bai-
» gné dans son sang au coin d'un petit
» bois... Mais on a sonné du cor : faites
» monter un homme d'armes à la meur-
» trière, voyez si c'est un hôte qu'on
» puisse introduire, et, dans ce cas,
» faites baisser le pont-levis.

» —Eh! mon doux Sauveur! le
» pont-levis est baissé, et il n'y a de
» cor que dans vos oreilles. On tape à
» grands coups de poings à la porte...
» Ohé! ohé! doucement; je vais ouvrir.

» —Le vilain a raison,» dit le Baile.
«Au château de Flassans on n'enfon-
» çait pas les portes à coups de poing;
» elles s'ouvraient poliment au son du
» cor pour les amis et pour les trou-
» badours.

» — Vous y voilà! » dit Tony en dehors. « Bonne chance. Moi, je pars;
» l'air du château n'est pas trop bon
» pour moi.

» — Entrez, mon maître, » dit Bovis
à Gabriel. « Ehie!... patron Tony,
» pourquoi partir si vite? craignez-
» vous qu'on ne mette les chiens à vos
» trousses ou qu'on ne fouille dans vos
» poches! Il fut un temps où vous ve-
» niez vous informer en passant si le
» vin de la nouvelle récolte valait celui
» de l'ancienne.

» — Grand merci, grand merci,
» Pierre Bovis. J'ai encore une grande
» lieue dans les semelles de mes sou-
» liers avant d'arriver à ma barque.

» — As-tu peur que la terre ne te
» manque sous les pieds? » dit d'un
air goguenard un des varlets qui
arrivait de l'île de Mayre avec ses camarades.

« — Entrez donc, beau pêcheur. On
» ne vous veut pas prendre à la ligne, »
dit l'autre.

« — J'entrerai si je veux, » dit Tony;
« mais la compagnie me tentait beau-

» coup plus quand vous n'y étiez pas.

» — Le patron serait plus honnête
» s'il était à jeun.

» — Bah! Avec lui on est sûr que
» ce n'est jamais le vin qui parle, c'est
» toujours sa langue. Dis donc, patron
» d'eau douce, sais-tu le proverbe?
» Chasseur de chardonnerets et pê-
» cheur à la ligne dînent bien tard (1).

» — Au moins ils ne remplissent pas
» leur ventre à ne rien faire avec le
» pain d'autrui, » dit Tony écumant de
colère.

« — Oh! oh! c'est une querelle que
» tu veux!...

» — Oui, si vous en valiez la peine;
» mais vous êtes comme les étoiles de

(1) Proverbe provençal :
  « Pescador à la lino,
  » Cassaire de cardalino,
  » Es tard quand dino. »

» mer (1), vous n'êtes bons ni à bouillir
» ni à rôtir. »

Au bruit de la querelle, le Baile
était venu à l'entrée de la porte.

« — Allons, allons, les amis! ne
» nous fâchons pas, dit Bovis.

» — C'est lui qui nous insulte.

» — C'est eux.

» — Le tort est une mauvaise mar-
» chandise, personne ne veut l'avoir,
» reprit Bovis. Ne vous fâchez pas,
» Tony; je voulais vous dire de ne
» plus passer dans les blés quand vous
» irez tendre vos lacs sur la colline.

» — Que le diable emporte ta langue
» de scorpion! dit tout bas Tony.

» — Comment! comment! » dit le
Baile, « ce vilain va tendre des lacs
» dans les bois de notre Senhor?

» — Oui, oui! » dirent les varlets.

----

(1) Espèce de polype en forme d'étoile qu'on
trouve sur les rochers à fleur d'eau.

» — Voyez, il les tient encore dans
» ses mains.

» — Qui te rend si hardi, drôle,
» que de venir braconner dans nos
» terres ?

» — Je ne suis point un drôle, en-
» tendez-vous ! et je ne braconne pas ;
» je viens ramasser le bois mort et
» les lièvres qui se prennent dans mes
» lacs.

» — Vous l'entendez ! il l'avoue !...
» Et de quel droit ?

» — Parceque je l'ai toujours fait...

» — Au moins il est naïf.

» — Et parceque je suis membre
» de la Commune.

» — Qu'est-ce que c'est ? qu'est-ce
» que la Commune ? Ne sais-tu donc
» pas, vilain, que tu es sur les terres
» d'un noble homme ?

» — Quand il serait aussi noble que
» la couronne du Senhor Comte, je
» m'en moque, voyez-vous ! Les véri-

»tables nobles sont dans la loge à
» cochons (1). C'est, avec les nobles
» hommes , les seuls animaux qui
» mangent sans rien faire. A Marseille,
» nous n'en connaissons pas d'autres.

» — Arrêtez-moi ce misérable! »
cria le Baile.

«—N'approchez pas, » dit Tony en
tirant son couteau.

Les varlets hésitèrent un moment ;
mais les deux qui venaient de se
prendre de querelle avec Tony se je-
tèrent sur lui. Il porta à l'un d'eux un
large coup de couteau. Alors on l'as-
saillit de toutes parts ; accablé par le
nombre, il fut bientôt désarmé et jeté
à terre.

« — Ne me le tuez pas! ne me le
» tuez pas! cria le Baile; qu'on le mène
» en prison!

(1) Dans le territoire de Marseille, on donne aux
pourceaux le nom de *nobles*.

» — Mais il n'y en a pas, » dit Bovis.

« — Hélas!... au château de Flassans
» nous en avions trois, et toujours
» pleines. Qu'on le jette dans une salle
» basse, les pieds et les mains garrottés.

» — Mon maître, dit Tony à Gabriel,
» bien m'a pris de me dévouer pour
» vous ; vous m'avez été d'un beau
» secours dans l'occasion !

» — Tony, tu sais ce qui m'amène.
» Juge si je pouvais...

» — C'est bon, c'est bon. Je vous
» remercie toujours.

» — Cela commence bien, dit tout
» bas le Baile ; en moins de six mois j'ai
» obtenu qu'on bâtît deux tourelles ;
» voilà un braconnier qui m'arrive...
» Je ferai quelque chose du château
» d'Évenos... Que veux-tu, toi ? » dit-
il ensuite à Gabriel.

« — Pénétrer jusqu'à l'Egrège Sen-
» hor Baron d'Évenos.

» — Bien parlé, mon brave homme,

» tu t'exprimes avec révérence; tu en
» seras récompensé. Holà, varlet! con-
» duisez cet homme auprès du Senhor
» Baron.

» — Senhor Baile, je ne sais com-
» ment vous exprimer ma reconnais-
» sance.

» — Suffit!... Or çà, l'a-t-on bien
» garrotté?» dit le Baile aux varlets.
« Maintenant que nous voilà tous,
» allons au Mont-Redon. C'est ici qu'il
» faut de l'adresse, »ajouta-t-il à part
lui, « mais quelque chose me dit que
» je sauverai l'honneur du château. —
» En ordre, mes amis, en ordre. Ser-
» rez les rangs et marchons.»

Ils partirent, et Gabriel suivit le
varlet.

Dans la cour intérieure du château,
au milieu d'un jardin qu'ombragent des
arbres toujours verts, est un pavillon
élégant, soutenu par des colonnes
où pendent en branches flexibles le

jasmin d'Arabie et le chèvrefeuille
aux pâles couleurs. Un bosquet de
grenadiers tempère l'ardeur du soleil, et ne laisse arriver aux vitraux
qu'un léger demi-jour. Une vierge du
sang des Bozon, éprise d'un chevalier
Maure, vint jadis y consacrer à Dieu
toute une vie de douleur et de larmes.
Plus d'une fois son voile blanc fut
aperçu à travers ces riches ogives; plus
d'une fois on entendit des accents de
regrets et d'amour. Nos troubadours,
dans leurs sirventes, disent que son
âme se plaît encore à errer autour
de cet asile, mêlée aux parfums des
fleurs et au doux frémissement de
l'air.

Sur les tentures de soie qui décorent
l'oratoire de la noble religieuse, brille
une image de la Mère de Dieu, pure
et suave comme son divin modèle.
Un fauteuil recouvert d'une étoffe de
Perse est auprès d'un prie-dieu que

surmonte un crucifix d'ivoire. La laine moelleuse du tapis, conquête de l'un des Senhors d'Evenos qui avait guerroyé en Terre Sainte, figure des fleurs et des oiseaux, que l'on dirait vivants à l'éclat de leurs couleurs. Sur le plafond sont peints le firmament et les étoiles.

C'est là qu'Azalaïs, fille du baron d'Evenos, prosternée sur le riche tapis, adressait à Dieu une fervente prière. Azalaïs est d'une beauté ravissante ; on se sent entraîné vers elle par un invincible charme. Toujours timide et rêveuse, elle semble éviter le regard des hommes, comme si, craignant de rencontrer celui qu'elle doit aimer, elle se défiait de la faiblesse de son cœur. De longs cheveux noirs, qui font ressortir la blancheur éclatante de son front, flottent autour d'un cou plus blanc que l'albâtre : ses yeux, protégés par de longs cils, sont

toujours baissés vers la terre ; un cor-
set de velours emprisonne sa gorge
naissante et dessine sa taille svelte, qui
se prolonge en mourant dans une robe
de soie écarlate.

« — Noble domna, votre prière est
» bien longue aujourd'hui, » dit en en-
trant le baron d'Evenos.

« — Pardon, mon père! vous m'avez
» fait tressaillir. Je priais Dieu de tou-
» cher l'âme du pauvre patient.

» — Votre pitié s'étend à trop de
» gens... Où donc est votre frère?

» — Il est allé hier en cour du Sen-
» hor comte.

» — Il aurait dû m'en prévenir, peut-
» être. N'importe! j'aime à voir à mon
» fils ces nobles dispositions. Moi-
» même je ne vais pas assez souvent
» me purifier à l'air de la cour du con-
» tact des vilains.

» — Noble Senhor, vous serait-il

» arrivé quelque malheur? votre visage
» est bien sombre.

» — Sombre ! c'est ce qu'ils disent
» tous. Je marchais encore à la lisière
» quand une sorcière des collines des
» Maures lut dans mes traits que je
» mourrais de mort violente.

» — Ah! mon père! » dit Azalaïs en
poussant un cri.

« — Tenez, c'est là, » poursuivit le
Senhor d'Evenos en portant un doigt
près de sa bouche, « c'est là... cette
» ligne.

» — Non, non, mon père! Je ne la
» veux pas voir.

» — Sombre!...ai-je l'air plus sombre
» que de coutume?... Alors c'est que
» ces vils confrères du Saint-Esprit me
» donnent plus d'inquiétude.

» — Eh! mon père! pourquoi vous
» en occuper?

» — Pourquoi? jeune fille, vos idées
» ne vont pas au-delà de votre que-

»nouille. Votre mère me comprenait
»mieux... Sombre! » Et il se promenait à grands pas. « Est-elle bien mar-
»quée, cette ligne? Je ne la sens pas
»sous le doigt. »

Azalaïs couvrit son visage de ses
deux mains.

« — Vous pleurez!... c'est une res-
»source. Les femmes se déchargent
»sur la prière et les larmes de tous les
»chagrins que nous sommes forcés
»d'amasser dans notre cœur.»

Il se tut; puis froissant un parchemin qu'il tenait dans sa main : « J'ai
»résisté depuis hier au désir de savoir
»ce que contient cet écrit. L'abbé de
»Saint-Victor mon frère ferait plus
»sagement de me laisser ignorer ce
»qui se passe dans leur Commune...
»Tenez, domna, aidez-moi de votre
»*saber.* »

Azalaïs prit le parchemin et lut d'une
voix tremblante :

«*En nos conseils et actions procédant*
» *avec zèle, nous avons mis notre ville*
» *en liberté; c'est ainsi que nous avons*
» *accru la richesse, l'autorité et la splen-*
» *deur de la république...*

» — C'est une nouvelle délibération
» de la Commune, que Dieu confonde!
» Que veulent-ils encore? Ah ! malheu-
» reux nobles hommes! Nous sommes
» ici comme le lièvre dans le terrier du
» renard... Poursuivez.

» — *C'est pourquoi, après avoir ras-*
» *semblé au son de la cloche notre con-*
» *seil composé des conseillers ordinaires,*
» *et des cent chefs de métier...*

» — Passez, passez. Dites ce qu'ils
» ont fait.

» — Mon père, ils ont fait alliance
» avec la commune de Nice, et ils ont
» exclu... à perpétuité... la race vicom-
» tale des emplois publics.

» — Malédiction sur eux et sur leur
» commune!... Et le Senhor Comte ne

» sortira pas de son indolence ! Pourvu
» qu'on lui laisse Aix et ses faubourgs,
» du velours pour couvrir son fauteuil,
» et des maîtresses pour faire des bâ-
» tards, sa royauté sera satisfaite. Si le
» vilain donnait de l'or pour faire pen-
» dre jusqu'au dernier noble homme,
» le Senhor Comte ne nous accorderait
» pas même comme une grâce le droit
» de la hache et du billot.

   » — Noble Senhor, calmez-vous.

   » — Je voudrais que les Français,
» devenus maîtres de la comté de Tou-
» louse, vinssent fondre sur la Pro-
» vence, que... Mais non, non ! je m'é-
» gare. Plutôt mourir cent fois par
» la main des vilains que de devenir
» Français ! » Et il se jeta dans un fauteuil. «La sorcière avait raison, » dit-il,
après un moment de silence... «Noble
» domna, prenez votre viole et chan-
» tez-moi un sirvente.

   » — Quoi ! mon père ! en ce lieu ?

» — Vous avez raison. Priez pour
» le salut de mon âme. »

En ce moment le varlet entra suivi
de Gabriel.

« —Qu'est-ce encore ? » dit le Baron.

« — Cet homme a une affaire de la
» plus haute importance à vous com-
» muniquer, noble Senhor.

» — Qu'il approche... Mais non,
» non ; ce n'est pas ici le lieu... Venez.
» Jeune fille, au lieu de prier Dieu pour
» le Marabout, songez à votre père. »

A ces mots Gabriel jeta un regard
de reconnaissance sur Azalaïs tout
en larmes. « Noble domna ,» lui dit-il à
voix basse, « le ciel protège les bons
» cœurs.

» —Hélas! mon brave homme, je
» crains que le ciel n'ait oublié ce châ-
» teau. »

Gabriel allait répondre, mais le baron lui fit un geste, et il sortit derrière lui.

CHAPITRE IV.

L'EXÉCUTION.

Intereà fugit, heu ! fugit irreparabile tempus !

« — Hé! pas mal, pas mal! » dit le
Baile en arrivant au Mont-Redon.
« Voilà une potence qui est assez con-
» venablement dressée. Votre bour-
» reau sait son métier.

» — Il n'est pas besoin, pour cela,
» d'être un grand clerc, » dit Bovis.

« — C'est à savoir. Vous ne voyez
» là-dedans qu'un mât, une poulie et
» une corde, vous; mais un œil exercé
» distingue des choses...! Je gagerais
» ma toque de velours contre votre

».   4

» bonnet, que la famille a payé le bour-
» reau pour qu'il ne fît pas souffrir
» long-temps le patient.

   » — Est-ce que cela se peut?

   » — Mais assurément. C'est un con-
» trat légal, très légal ; c'est une com-
» position comme une autre. De même
» qu'un Senhor Haut-Justicier peut
» tenir quitte du supplice, moyennant
» une composition de tant de deniers,
» le bourreau peut tenir quitte d'une ou
» deux heures de souffrance, moyen-
» nant une composition plus petite.
» C'est d'ordinaire celle des pauvres
» gens. Le bourreau du Senhor de Flas-
» sans se faisait un revenu fort hon-
» nête de ces petites compositions. Il
» est vrai qu'il était très habile. Vous
» êtes encore vigoureux, maître Bovis ;
» eh bien ! en une demi-minute il vous
» aurait fait passer de vie à trépas
» presque sans vous en apercevoir !
» Personne ne savait mieux que lui

» donner une entorse au cou. Oh! l'on
» aurait peine à trouver son second du
» Var au Rhône. Mais il faut rendre
» justice à chacun, celui-ci a son mé-
» rite.

» — Senhor Baile, » dit alors un des
varlets, « avez-vous encore besoin de
» nous?

» —. Plus que jamais, mes enfants.
» Je cherche à combiner un plan... Je
» ne vous peux rien dire encore, mais
» il y va de votre honneur et de celui
» de votre maître.

» — De notre honneur? » dit Bovis,
« expliquez-vous.

» — Vous le saurez... Or çà, le pa-
» tient n'est point encore arrivé.

» — Je n'y comprends rien, car je
» le vois tranquillement assis sur le
» tertre.

» — La corde a peut-être cassé. Cela
» s'est vu quelquefois. Vous, par exem-
» ple, maître Bovis, vous casseriez

»bien dix cordes. Tout dépend du
»poids du corps.

»— Senhor Baile, quand on tient
»de semblables propos, »dit Bovis
d'un air ému et en faisant un signe de
croix, « on a soin d'ajouter : Que Dieu
»et la Bonne Mère vous en préservent.

»— La, la, mon maître! ne vous
»alarmez pas... Mais allons voir le
»patient. Nous avons une affaire à ter-
»miner ensemble, »dit le Baile, et il
s'avança, suivi de Bovis et des varlets.

Parmi les assistants, quelques uns,
fatigués d'une aussi longue attente, s'é-
taient assis sur le sable, et se livraient
à des conversations animées. Celui-ci
blâmait l'indulgence du peuple, celui-
là l'approuvait; mais le plus grand
nombre, familiarisé peu à peu avec
le spectacle du patient et de l'appareil
du supplice, avait oublié ses premiers
mouvements de compassion. La vue
des mères en pleurs auxquelles le

Maure avait ravi leurs enfants exci-
tait de nouveau sa colère.

« — Mais enfin, que font-ils de tant
» d'enfants ?

» — Ils les débaptisent, les dévouent
» à Mahom, et les tuent.

» — Ils les mangent, les scélérats;
» ils mangent la chair chrétienne.

» — Pauvres petits innocents !

» — Laissez donc, étourneaux sans
» ailes, » dit un vieillard qui les écoutait dire d'un air de pitié. « Ces gens-
» là habitent des collines sans chemin
» tracé, où personne ne saurait péné-
» trer. Leur nombre diminue de jour
» en jour, et ils viennent enlever nos
» enfants pour avoir des hommes.

» — Ainsi, le petit de Catherine sera
» un jour un Marabout ! Qui est-ce qui
» aurait dit ça au patron Jean !

» — Tiens ! » dit un matelot d'un air
insouciant, « nous en faisons tout au-
» tant en Sarrasie. Tous les petits Sar-

» rasins que nous pouvons prendre
» sont bel et bien baptisés.

» — C'est bien fait ! Vous sauvez de
» pauvres âmes.

» — Certainement nous sauvons des
» âmes, car les Sarrasins sont adroits
» comme des singes de Tétuan, et vous
» ne trouveriez pas en Provence d'aussi
» bons domestiques; ils calculent mieux
» que nos bourgeois et nos marchands.

» — Vous êtes allé en Sarrasie ! »
dit le vieillard d'un air de considération.

« — Un peu, mon maître; j'ai vi-
» sité toutes les possessions de notre
» commune. C'est agréable, au moins !
» Un Marseillais qui n'a pas un pouce
» de terre au soleil de Provence, pos-
» sède une belle rue et un four dans
» toutes les villes de là-bas. Ce sont
» nos anciens qui nous ont valu ça.
» Aussi, il faut voir, quand on vous
» demande : — De quel pays êtes-vous

» donc, étranger? et que vous répon-
» dez : — Citoyen de la commune de
» Marseille,... c'est à qui vous fera le
» plus de salutations. Moi, tel que vous
» me voyez, le roi de Jérusalem m'a
» donné une poignée de main.

» — Si le roi avait eu la lèpre tu
» t'en serais souvenu plus long-temps, »
dit un autre matelot.

« — Qu'est-ce que vous marmottez
» entre vos dents, camarade?

» — Rien, rien... Je ne peux pas
» souffrir les vaniteux, » ajouta-t-il à
l'oreille de son voisin. « Ne voilà-t-il
» pas un beau faucon pour percher sur
» le poing d'un roi! Vous verrez même
» que le roi avait ôté son gantelet!

» — Et Jérusalem est-il plus beau
» que Marseille? » dit le vieillard.

« — Il n'y a qu'un Marseille sous
» la calotte des cieux, » répondit le
matelot.

« — Holà ! hé ! veux-tu bièn ne pas
» pousser si fort ?

» — Ohie ! — Ahie ! — On m'enfonce
» une côte.

» — Venez voir ! venez voir !

» — Pousse ! pousse !

» — Qu'est-ce ? qu'est-ce ?

» — On interroge le patient. Viens,
» viens.

» — Qui donc l'interroge ?

» — Un homme vêtu de noir.

» — Doucement, doucement.

» — Le premier qui pousse encore..! »

C'était notre ami le Baile qui causait
tout ce tumulte. Il était debout devant
le patient; les varlets étaient rangés
en demi-cercle comme pour lui servir
de rempart, et un vaste amas de peuple se pressait autour des varlets.

« — Accusé, quel est votre nom ? »

Le patient ne répondit rien.

« — Accusé, songez que ce silence

» ne vous peut plus servir en ce mo-
» ment, et qu'il vous peut nuire. »

Le patient leva les yeux au ciel; il croyait sortir d'un rêve pénible. Sans avoir encore le libre usage de ses sens, il sentait son cœur battre, ses yeux voir, sa bouche respirer, et il était en doute s'il avait conservé la vie terrestre ou s'il avait commencé à naître à la vie immortelle.

« — Mon Dieu! qu'un petit moment » de question ferait trouver de mots à » cette langue muette! » grommela le Baile. « — Accusé, votre crime est exé-
» crable, odieux...

» — Exécrable! Oui! oui! que la jus-
» tice ait son cours.

» — Messer, » dit le capitaine, « avez-
» vous mission d'ameuter le peuple?

» — Laissez parler ce brave homme. » Qu'il parle!

» — Non, non! Capitaine, faites-le » retirer. »

Le Baile haussa les épaules d'un air de mépris.

« — Accusé, es-tu chrétien ? »

Le patient croisa ses bras, et fixa ses regards sur la terre d'un air d'impatience et de résolution.

« — Peuple de Mont-Redon, c'est » à vous que je m'adresse, à vous, vic- » times de son attentat, à vous...

» — Messer, » dit le capitaine, « par » l'autorité de la Confrérie du Saint- » Esprit et au nom du Senhor Podestat, » je vous somme de vous retirer, si- » non je vais m'emparer de votre per- » sonne.

» — Le Senhor Baile parle en bon » chrétien, » dirent les varlets : « nous » ne souffrirons pas qu'on lui fasse vio- » lence.

» — Non ! non !... Ouh ! ouh !... A » bas les piquiers !

» — Des pierres ! des pierres !

» — Nos enfants ! nos malheureux
» enfants ! qu'il nous les rende !

» — Ah ! que la justice était plus
» facile à rendre au château de Flas-
» sans ! » dit tout bas le Baile.

« — Homme, je vous conjure de
» vous retirer, dit le prêtre au Baile;
» chrétien, je vous l'ordonne au nom
» de ce Dieu mort sur la croix pour
» nous.

» — Allons, allons, retirez-vous, »
dirent les plus modérés, à qui l'inter-
vention du prêtre venait de donner
de la force.

Le Baile s'obstinait à interroger le
patient; mais les varlets, à l'ordre du
prêtre, avaient fait quelques pas en
arrière, et il fut contraint, à son grand
regret, de les imiter.

« — C'en est fait ! pensa-t-il, l'hon-
» neur du château est à jamais perdu.

» — Mon frère, » dit le prêtre au
malheureux patient, « il est temps de

» cesser de songer aux choses de la
» terre. L'heure s'avance, et peut-être
» le peuple l'avancera-t-il encore. Pro-
» fitez de ce dernier moment pour
» vous réconcilier avec le ciel. Si vous
» êtes chrétien, songez à votre âme. »

En disant ces mots, il approcha le crucifix des lèvres du patient; mais celui-ci le repoussa avec horreur, et le fit tomber des mains du prêtre.

« — Le mécréant ! le sacrilége !... » cria la Baile. « Il a repoussé le Christ! » plus de doute, il n'est pas chrétien. » Mort au Marabout !

» — Mort au Marabout ! mettons-le » en pièces.

» — Je veux un morceau de sa chair.

» — Mes maîtres, mes amis! » criait le capitaine, « il m'a fallu tantôt croiser » le fer pour le faire pendre; me fau- » dra-t-il maintenant le croiser pour » vous en empêcher ? »

Mais qui oserait se flatter d'arrêter

les mouvements de ce peuple impétueux? Dix armées conjurées ne
pourraient lutter contre sa première
colère : c'est un torrent de feu qui
dévore tout sur son passage. Déjà
les piquiers sont enfoncés. Tout-à-
coup le prêtre se jette devant le patient; il le couvre de son corps, et,
tout en larmes, sans voix, sans haleine, il oppose d'une main tremblante le crucifix au peuple en délire
A cette vue, la foule s'arrête indécise,
et l'on entend un bruit confus de voix.

Les soldats serrent de nouveau
leurs rangs, et de nombreux auxi-
liaires se viennent joindre à eux.

« — Mes amis, » dit le Baile à voix
basse aux varlets, « c'est vous qui de-
» vez punir le criminel.

» — Oui, oui ! il le faut punir.

» — Plus bas !... Nous allons tourner
» ensemble le Mont-Redon, nous le
» gravirons en silence, et nous saisi-

» rons le Marabout derrière les pi-
» quiers.

» — Bien pensé !

» — De la prudence ! on nous ob-
» serve. Entrons dans la foule. » Il dit,
et se mêla au gros du peuple.

Mais tandis que ce peuple oubliait
la parole qu'il avait donnée à Gabriel,
que se passait-il au château du Senhor
d'Évenos ? Debout, dans un vaste
appartement dont les murailles étaient
couvertes de portraits et d'armures,
le Senhor d'Évenos écoutait d'un air
distrait Gabriel qui parlait avec chaleur.

« — Ne vous êtes-vous pas trompé
» de chemin, mon maître, lorsque
» vous êtes venu au château pour ob-
» tenir la grâce de votre frère ? C'est
» chez le Senhor Comte qu'il fallait
» aller.

» — Il m'a déjà refusé.

» — Oui, » dit le baron en souriant

amèrement; « il a craint de se brouil-
» ler avec la noble Confrérie du Saint-
» Esprit. Il veut sans doute emprunter
» de l'argent au marchand, et il le
» ménage.

» — Je n'ai plus d'espoir qu'en vous,
» noble Senhor.

» — Mon maître, la douleur vous
» égare. Je suis un pauvre noble homme
» sans pouvoir.

» — Mais n'aviez-vous pas jadis dans
» votre chartrier un diplôme du roi
» Bozon qui accordait à votre illustre
» race le droit de gracier un condamné?

» — Par saint Victor! tu connais
» mieux mes titres que moi-même.
» Oui, j'ai entendu parler quelquefois
» de cette chartre par le Baile de mon
» père; mais qu'elle fût d'un Bozon
» ou d'un Bérenger, c'est ce que je
» n'avais jamais songé à apprendre.
» Elle nous fut octroyée, dit-on, par-
» ceque...

» — Parcequ'un de vos aïeux avait
» été injustement mis à mort.

» — Les morts violentes sont un
» mal de famille chez nous, » dit le
Senhor d'Évenos en portant involontairement le doigt près de sa bouche.
« Qu'as-tu? Pourquoi me regarder
» ainsi?

» — Rien, noble Senhor.

» — Mais cette chartre dont tu parles
» n'existe plus. Lorsque les Maures
» rasèrent notre château d'Évenos, le
» chartrier ne se retrouva pas parmi les
» pierres. Je crois que si elles avaient
» été moins lourdes, les coquins les
» auraient aussi emportées, car ils ne
» laissèrent rien.

» — Et si on vous la rendait?

» — Je n'en croirais pas mes yeux.

» — La voilà dans cette cassette avec
» d'autres diplômes.

» — Oui, je reconnais bien les armes
» des Bozon. Sur mon salut! tu es un

»homme étonnant!... Ainsi, je tiens
» dans ma main une vie d'homme, aussi
» sûr qu'avec mon épée j'y tiendrais
» une mort!... Une vie!... c'est peut-
» être la mienne.

» — Noble Senhor, la vôtre ne cour-
» ra jamais de danger. Celle de mon
» frère...

» — De par saint Victor! j'en suis
» tenté, quand ce ne serait que pour
» faire la barbe à la justice de la Com-
» mune... Mais non, non.

» — J'embrasse vos genoux.

» — Écoute. Sais-tu que ma famille
» a possédé cette chartre pendant deux
» siècles, et qu'elle n'en a jamais usé?

» — Je le sais.

» — Sais-tu qu'un jour, un noble
» homme fut condamné à perdre la
» tête, et qu'il fit offrir au Senhor d'É-
» venos deux riches baronnies pour
» ne se pas laisser raccourcir sur le
» billot?

4.

» — Ah Dieu !

» — Sais-tu que le Senhor d'Évenos
» refusa les deux baronnies ? Et sais-
» tu pourquoi ? le sais-tu ? Ce droit de
» grâce est comme la virginité d'une
» fille ; il meurt dès qu'on y touche.
» Maintenant, regarde… là… cette
» ligne.

» — Senhor d'Évenos, je t'offre,
» non deux baronnies, mais assez
» d'or et de pierreries pour en acheter
» quatre.

» — Regarde. Puisque tu es Mara-
» bout, tu dois savoir lire dans le vi-
» sage des hommes.

» — Noble Senhor, laissez-vous flé-
» chir.

» — Regarde, te dis-je.

» — Écoute, baron d'Évenos, » dit
Gabriel en se levant, et en étendant
vers lui sa main droite ; « si tu me re-
» fuses la grâce que j'implore, je lis
» que tu seras le dernier de ta race.

» — Je le sais, » dit le baron d'un
air farouche. « Mais si je t'accordais la
» grâce de ton frère, pourrais-tu effa-
» cer cette ligue? Aucune puissance
» humaine n'a cette vertu.

» — Au nom de ton fils, de ta fille...

» — Tiens! vois si ce que tu de-
» mandes est possible, » dit le Senhor
d'Évenos qui s'était approché de l'une
des croisées. « Vois-tu cette masse
» blanche qui pend à la corde et s'a-
» gite dans les airs?

» — Oui, je vois qu'il n'est plus
» temps, » dit Gabriel d'un air calme... « Mon pauvre frère!... Vois
» ses mouvements convulsifs! Comme
» il souffre! Qu'il est lent à mourir!
» Je donnerais dix mille besants d'or
» pour ne plus voir ses jambes battre...
» Gloire à Dieu! il ne souffre plus.

» — C'est cela, la mort! rien que
» cela! Demi-heure de souffrance pour
» un vilain, une demi-minute pour un

»noble homme! Je croyais qu'il était
»plus difficile de mourir. La prédic-
»tion de la sorcière me cause moins
»d'effroi.

»— Senhor d'Evenos, j'ai de tristes
»adieux à vous faire... J'aime mieux
»les emporter avec moi. »

En ce moment la porte s'ouvrit
avec fracas, et le Baile entra dans l'appartement.

«— Noble senhor, dit-il, tout est
»sauvé, tout, puisque l'honneur est
»sauf.

»— Expliquez-vous.

»— Il m'en coûtait beaucoup de
»voir la justice des vilains venir s'exer-
»cer sur vos terres. J'aurais plutôt
»souffert la mort qu'un tel attentat.

»— Eh bien! » dit Gabriel conce-
vant follement une ombre d'espoir.

«— Vous m'avez dit hier que vous
»m'avoueriez tout. J'ai soulevé le peu-
»ple; c'est votre justice qui a exé-

» cuté cet homme. Personne n'y a
» touché que vos varlets. Les gail-
» lards ne s'en sont pas mal acquittée.
» Au château de Flas...

» — Senhor d'Évenos, » dit Gabriel
dont les lèvres étaient contractées par
un mouvement convulsif, « Senhor
» d'Évenos, je te jure une haine à mort.
» Tu seras le dernier de ta race.

» — Qu'on saisisse cet homme! »
dit le Baile.

« — Messer Baile, laissez-le partir. »

CHAPITRE V.

L'ORAGE.

Il tempo era chiuso, l'aere grosso, il cielo
velato per tutto da una nuvola o da un
nebbione eguale, inerte, che pareva ne-
gare il sole, senza prometter la pioggia.
                              A. MANZONI.

— Monte vas? — A la capella.
— Perche far ? Per vezer la bella
      Que ton cor a?
— No ; ma bella s'es maritada,
Et ma bella se n'en pentira.
Hui, m'en vo embe mon eyssada
      Desclapar lo maufatan
Qu'as ensucat l'a quasiment un an.
                    Vieille romance inédite.

La plaine de Marseille est comme
un bassin où viennent aboutir de

longues vallées, qu'à voir de loin on prendrait pour autant de fleuves. Elles courent toutes entre deux chaînes de montagnes plus ou moins resserrées, les unes arides et blanchâtres, les autres couvertes d'arbres et de fleurs. La plus belle et la plus fertile est celle qui se dirige vers la cité d'Aubagne. Peu sinueuse dans ses contours, elle est semée de hameaux et de bastides qui tantôt s'étendent dans la plaine, tantôt semblent jetés comme des avalanches sur le penchant des collines. Elle se prolonge en mourant jusqu'au bourg de Saint-Marcel ; là, après s'être frayé avec le Veaune un passage entre deux coteaux qui la pressent étroitement, elle va se perdre dans les riches prairies du territoire d'Aubagne.

Trois hameaux bâtis à d'inégales distances composent le bourg de Saint-Marcel. Le premier est adossé au mont de la *Touretta*, citadelle naturelle, dont le sommet est défendu par une tour qui lui donne son nom. De petites murailles, élevées en terrasses et couvertes de lierre, montent circulairement sur le flanc de la montagne, et soutiennent une terre d'une couleur rougeâtre, qui nourrit des vignes et des oliviers. Des sentiers où deux hommes auraient peine à passer de front courent d'une terrasse à l'autre et se croisent en mille endroits. Les chaumières, presque toutes en ruines, ne sont habitées que par des chevriers ou de pauvres vignerons : c'est là le vieux Saint-Marcel. A ses pieds coule le Veaune. Un petit pont jeté sur le fleuve conduit à l'église et au nouveau village, que traverse, comme un long ruban blanc, le chemin de Rome, couvert en été de voyageurs, de pélerins et de poussière. Une haute colline, plantée de

chênes, de pins et de cyprès, lève non
loin de là sa cime orgueilleuse. Vingt
fois, sur le pic qui la domine, des
mains pieuses ont érigé une croix de
pierre, et vingt fois la foudre est
venue l'abattre et en disperser au loin
les gigantesques débris. Peut-être,
dans les temps dont il ne nous reste
pas de mémoire, ces lieux furent-ils
témoins d'un crime que Dieu, dans
sa colère, n'a jamais voulu absoudre.
La colline a gardé le nom de la croix
qu'elle ne peut pas porter, et le soir,
lorsque les ombres descendent du
sommet de la *Santa-Croux*, elles s'a-
vancent noires et silencieuses dans le
vallon, comme un criminel qui ne
s'approche qu'en tremblant des lieux
habités par les hommes.

Au pied de la montagne, et dans
les bois qui se prolongent bien avant
dans la vallée, est le château des
Forbin, sans pont-levis et sans tou-

relles. C'est, comme tous les châteaux
du territoire de la commune, plutôt
l'habitation d'un riche bourgeois que
celle d'un noble homme. Un amas de
maisons construites avec des cailloux
roulés forme le petit Saint-Marcel. On
dit que plus d'une fois les habitants
y trouvèrent un refuge contre les
longues et sanglantes irruptions des
Sarrasins. Un sentier tournant, pra-
tiqué dans le roc, descend du château
et plonge sur le grand chemin de
Rome.

Le sol de Saint-Marcel offre peu de
ces contrastes qui étonnent et char-
ment le voyageur. Partout la terre est
féconde, partout le roc est caché sous
la verdure; mais, mieux que les autres villages, il a su conserver les
traditions et les mœurs primitives,
si pures, si naïves, si originales.
A la saison des vendanges, des enfants couronnés de pampre, bar-

bouillés de lie, parcourent les rues en chantant, comme nos pères les Phocéens : *Io , io , Evohé Bacchè !* Les vieillards disent en chœur, avec le pur accent grec, l'ode de Moschus sur les vendanges. Ainsi que nos troubadours, qui, dans leurs sirventes et leurs torneïaments (1), mêlent les idées sacrées et les idées profanes en conjurant Dieu et la Vierge de leur faire obtenir le cœur de la belle qu'ils prient d'amour, ces bons villageois unissent aux saintes pratiques de notre religion les traditions païennes. Au mois de mai la plus belle fille du hameau, parée d'une longue robe de soie et couverte de fleurs, va, un crucifix à la main, et sous le nom de la *Diva Maïa*, quêter sa dot de porte en porte. La *Sepo de Nouve* a remplacé le laurier d'Apollon, qui pré-

(1) Sortes de poésies.

servait de la foudre (1), et dans ces
élégantes farandoles que forment au
son de la viole les jeunes filles et les
jeunes garçons richement vêtus, la
Vierge coudoie Vénus qui donne la
main à saint Pierre.

A l'extrémité du village, à l'opposite de Foresta, riant et frais séjour
dont il n'est séparé que par la terre
de la Campe et le Veaune, est le domaine de la Rousso, qui s'étend jusqu'au pied de la *Santa-Croux*. L'habitation, plus vaste qu'élégante, est
ombragée par des mûriers taillés en
berceaux, et des jujubiers à l'écorce
poudreuse, aux branches glissantes
et hérissées d'épines. Un parterre

(1) Le jour de Noël, les paysans mettent au feu
une énorme racine d'arbre, qui en langue romane
se nomme *sepo*. De là vient sans doute le mot anglais
sep. Les paysans conservent précieusement ce qui en
reste et le mettent sur la croisée, dans les jours d'orage, pour se préserver de la foudre.

émaillé de fleurs l'entoure de tous côtés. Devant la porte d'entrée, vaste et soutenue par **deux** piliers massifs, s'ouvre une longue allée d'oliviers bordée de rosiers de diverses couleurs, qui va joindre les bois. A l'époque où se passèrent les évènements que nous allons rapporter, ce domaine était déjà sorti des mains d'un noble homme pour entrer dans celles d'un riche marchand.

C'était par une de ces fraîches soirées de novembre, où le soleil, en se couchant dans des nuages, semble jeter un regard triste sur la terre qui va être assaillie par l'orage. De rapides éclairs sillonnaient le ciel du côté de l'Orient; les vents, en luttant dans l'espace, poussaient l'une contre l'autre de longues nuées qui se choquaient violemment. On entendait au loin ce bruit sourd précurseur de la tempête. Une fumée épaisse couvrait la campagne, et répandait une odeur de mort. Bientôt les vents s'apaisent, les nuages flottants se condensent, et ils s'abaissent en lourde coupole sur la terre triste et silencieuse. Un premier tonnerre déchire les nues, qui ouvrent leurs béantes cataractes. Alors, aux éclats redoublés de la foudre, répétés par d'innombrables échos, les collines s'agitent sur leurs indestructibles fondements; de longs sifflements sortent, comme des voix plaintives, des forêts qui se heurtent; les vallées disparaissent sous des torrents impétueux, et la nature semble attendre sa dernière heure. Malheur à l'imprudent voyageur qui n'a pas cherché un refuge aux premiers symptômes de l'ouragan!

Le métayer de La Rousso, enveloppé dans son caban, s'est assis sous le manteau de la cheminée. Auprès de lui est sa fille Margarido, en court

jupon de laine, coiffée d'un grand
chapeau de feutre que borde un large
galon d'or. Son frère Mimè, assis à
ses côtés sur un escabeau , tord son
bonnet pour en exprimer les larges
gouttes de pluie qui en font encore
ressortir la couleur écarlate.

« — La mer aurait bien dû avaler
» l'eau; ce n'aurait été qu'une goutte de
» plus pour sa soif, » dit Mimè. « Cette
» pluie va emporter les dernières cha-
» leurs.

» — Si elle était tombée un mois plus
» tôt, nous aurions eu de belles ven-
» danges, » dit Louis Fouques.

« — C'est vrai. L'eau qui tombe en
» ce moment serait à cuver dans le
» tonneau.

» — Dido (1), le froid de la pluie
» me saisit. Va chercher dans le cellier
» une ou deux brassées de romarin.

(1) Abréviation de Margarido , Marguerite.

» —Sainte Barbe, Sainte-Croix! dit
» Margarido, en priant avec ferveur,
» prenez pitié de moi!

» — Ehi? Dido? Tu n'entends pas!

» — Oh!... mon père... Je ne bouge-
» rais pas d'ici pour un monde.

» — Bah! bah! est-ce que tu as peur
» du tambour des escargots? » dit
Mimè.

«— Vous n'avez pas mis la *Sepo de
» Nouve* sur la croisée. Il nous arrivera
» malheur.

» — Je vais au cellier, moi, » dit
» Mimè. » Pourvu que ce pauvre Tony
» ait trouvé un abri en route!

» — Voilà une grosse heure qu'il est
» parti, » dit maître Louis. » Il a eu le
» temps d'arriver à la Capelletta.

» — Oh, oui, oui! » dit Margarido.
«Dieu me fera cette grâce. Pauvre
» Tony! S'il savait quelle nouvelle il
» va apprendre!

» — Ah, ah! l'amour te fait oublier
» la peur!

» — Va donc, » dit maître Louis, « car
» le froid me pénètre. A soixante-huit
» ans on n'a pas le sang chaud.

» — Mimè, n'oublie pas de mettre
» sur la croisée la *Sep*...

» — C'est bon, c'est bon, » répondit
Mimè; et il sortit.

« — Ah! l'orage commence à se cal-
» mer, » dit Louis Fouques.

Il se leva, et ouvrit la porte; car,
à cette époque, on ne perçait jamais
de croisées dans les appartements du
rez-de-chaussée. C'aurait été donner
trop beau jeu aux voleurs.

» — Nous en avons pour toute la
» nuit, » ajouta-t-il. « Oh ! que la *Santa-*
» *Croux* est noire ! Dido, viens voir.

» — Je vous crois, mon père. »

En ce moment Mimè rentra.

« — Tiens, Dido, allume le feu.

» — Et la *Sepo de Nouve*, mon frère ?

» — Souffle, souffle. Un feu chasse » l'autre.... Eh bien ! mon père, vous » ne venez pas vous chauffer?

» — Mimè ! regarde, regarde là- » haut, là-haut ! On dirait qu'il y a sur » le pic un géant tout noir, qui étend ses » grands bras sur toute la colline.

» —Mon père ! » cria Margarido, « ne » me faites pas des peurs comme cela.

» — C'est singulier ! » dit Mimè en faisant involontairement un signe de croix.

Margarido joignit les mains.

» — Il se passe ce soir des choses » extraordinaires dans le ciel.

» —En travaillant aux champs,» dit » maître Louis, « j'ai entendu les éclats » de rire des esprits follets.

» —Ah! mon Dieu! » dit Margarido.

« — Le Senhor curé devrait bien » aller exorciser ce pic maudit... Mais » vois, vois, Mimè. Le géant marche ; » il descend la colline à grandes enjam-

» bées. Le voilà qui a un pied sur le
» château des Forbin. Son bras s'a-
» vance sur nous.

» — Mon père ! mon père ! » cria
Margarido, « fermez la porte.

» — Elle a raison. Rentrons, mon
» père.

» — Si messer Antoine Jauffret n'é-
» tait pas un si bon maître, il y a long-
» temps que j'aurais quitté cette ferme
» et le voisinage de la *Santa-Croux*. »

Au même instant un losange de feu
fondit sur la vaste cour, la foudre
éclata en un coup sec, suivi bientôt
d'horribles craquements. Margarido
jeta un cri et tomba à genoux. Maître
Louis et son fils, immobiles, sans
vue, sans haleine, restèrent comme
pétrifiés. Quand ils revinrent à eux,
ils entendirent au loin des sifflements
épouvantables, et le bruit d'une vaste
chute d'eau qui semblait entraîner le
ciel avec elle.

» — Jésus ! Maria ! c'est notre der-
»nier jour.

» — Mon père, entendez-vous ?...»
dit Mimè. » On frappe à la porte des
» champs.

» — N'ouvre pas. C'est peut-être
» l'âme d'un mécréant qui nous vient
» désoler.

» — Mais, mon père, si c'était un
» pauvre voyageur...

» — Ne sors pas, Mimè, ne sors
» pas. Sens-tu cette odeur de soufre !
» Le tonnerre vient de tomber dans la
» cour; il y a peut-être laissé sa pierre,
» elle te brûlerait les pieds.

» — Maître Louis Fouques ! Ouvrez-
» moi.

» — Ame, ne prononce pas le nom
» de mon père, » cria Margarido, » je
» ferai dire vendredi, à l'autel des
» âmes du purgatoire, une messe pour
» ton repos.

» — Ouvrez, je vous en conjure...
» Tony, viens m'ouvrir.

» — Eh ! c'est l'ami dont Tony nous
» a parlé, » dit Mimè, et il traversa
rapidement la cour. « Entrez, entrez,
» mon brave homme... Une charrette
» avec vous ! est - ce qu'il y a du bon
» sens à continuer sa route par une
» telle bourrasque ?... Pauvre bête ! »
ajouta-t-il en flattant de la main le
mulet qui poussait de plaintifs hen-
nissements. « Les écuries sont plus
» loin. Tournez le mur, évitez la fon-
» drière à droite ; après deux cents pas,
» vous trouverez une petite porte...

» — Je dois bientôt reprendre ma
» route. Ce n'est pas la peine de déte-
» ler. J'abriterai ma charrette sous les
» mûriers.

» — Des feuilles de mûrier sont une
» pauvre toiture sous un déluge comme
» celui-là. Allons, venez, puisque vous
» le voulez ainsi. »

Mimè prit le mulet par la bride et le conduisit sous les mûriers.

« — La charge est bien lourde pour
» être si petite... Ah ! c'est une caisse
» de plomb. L'eau n'y pénétrera pas. »

Il dit, et entra dans la ferme suivi de son hôte.

« — Ne vous étonnez pas de nous
» voir barricader la porte. Il se passe
» ce soir des choses... Approchez-vous
» du feu, vous en avez bon besoin ;
» vous avez plus d'eau sur vous que
» le Veaune n'en a au mois d'août dans
» son lit.

» — Dido, prépare le souper : l'o-
» rage se dissipe et l'appétit me re-
» vient, » dit maître Louis.

« — Croyez-vous que je puisse con-
» tinuer ma route ?

» — S'il vous est égal de vous mouil-
» ler toute la nuit, vous le pourrez. Il

» n'y aura plus ni éclairs ni tonnerre :
» l'eau a éteint le feu du ciel. »

Cependant Margarido avait recouvert la table d'une nappe de toile écrue. Elle servit un quartier de chèvre rôtie sur un lit de pourpier et de roquette, et elle jeta à poignées, dans un plat de bois, des figues et des raisins secs. Un petit pot de terre contenait un vin épais et noirâtre; de petits gobelets d'étain, des fourchettes de même métal et une assiette de bois étaient placés devant chaque convive.

« — A table, notre cher hôte.

» — N'attendez-vous pas Tony ? » dit Gabriel, car c'était lui, mais changé, mais entièrement méconnaissable. Pâle, décharné, l'œil hagard comme s'il était poursuivi par une idée fixe, il avait coupé sa barbe; et ses cheveux, qu'il laissait croître, commençaient à couvrir ses tempes.

« — Il est parti un peu avant le so-
» leil trémon (1).

» — Quoi! Tony!... lui qui m'avait
» promis...

» — C'est vous qui lui avez manqué
» de parole; vous deviez arriver hier
» au soir.

» — C'est vrai; je n'ai pu trouver
» que ce matin le fossoyeur qui avait
» enterr... » Il s'arrêta.

« — Ah! » dit Mimé, « le fossoyeur
» qui avait enterré le trésor que vous
» emportez.

» — Oui, le trésor; c'en est un, et
» des plus précieux, » dit Gabriel d'un
air sombre.

« — Alors, mon maître, vous avez
» tort de l'exposer la nuit sur les grands
» chemins.

» — Dido, jette les trois grains de

____

(1) Le soleil couchant; de *ira montes*, par-delà
les monts.

»sel et la fleur du vin dans le feu en
»l'honneur de notre hôte,» dit maître
Louis, « et bénis la table. »

La flamme odorante s'éleva en pé-
tillant dans le brasier; mais quand
Margarido commença à prononcer les
saintes paroles, Gabriel laissa errer
ses regards sur les poutres du plafond
comme pour s'isoler de la prière.

« — Mon maître, prenez ce mor-
»ceau.

» — Je vous rends grâces : j'ai fait
»vœu de ne pas toucher à la chair
»pendant un an.

» — A votre mine, pendant le *Bene-*
»*dicite*, je ne vous aurais pas cru si
»dévot, » dit Mimè.

« — Mais notre hôte ne peut pas
»souper avec ces tristes figues et ces
»raisins. Dido, sers des jujubes, des
»azeroles, des poires, sers tous les
»fruits qui sont dans la crédence, et
»fais bouillir un brocoli.

5.

» — Grand merci.

» — Allons, allons, vous saurez quel
» goût a notre huile : c'est celle de la
» dernière récolte ; la nouvelle était
» encore sur les arbres il y a une heure,
» et je crois que le diable l'a emportée.

» — Où est votre verger ?

» — Devant la porte, en allée, jus-
» qu'au bouquet d'arbousiers qui com-
» mence le bois.

» — L'orage n'a pas pu gâter vos
» olives, car il n'est point tombé de
» grêle, et la trombe a éclaté plus bas.

» — Mon maître, permettez-moi de
» porter votre santé pour la bonne
» nouvelle que vous me donnez... Je
» vous salue !

» — A votre amitié ! » dit Gabriel.

« — Je ne la peux pas recevoir ; une
» amitié portée avec de l'eau est trop
» froide.

» — Est-ce que vous craignez notre
» vin ? » dit Mimè ; « il n'est pas mé-

» chant : j'en boirais bien quatre go-
» belets sans m'en apercevoir.

» — Merci, mes hôtes; j'ai aussi fait
» vœu de renoncer au vin.

» — Vous prenez la route du para-
» dis par le chemin le plus difficile, »
dit maître Louis en riant.

Gabriel ne répondit rien; il appuya ses deux coudes sur la table et
garda durant quelque temps le silence.

« — Tony sait-il que sa mère n'est
» plus de ce monde? » dit-il enfin.

« — Je n'ai pas osé le lui appren-
» dre, » dit Margarido. « Pauvre garçon!
» il l'aimait tant !

» — Ah! c'est qu'on n'en a qu'une! »
dit Mimè.

« — Sait-il qu'elle a été obligée de
» vendre sa maison ?

» — Non, » répondit Mimè, « et j'ai
» bien envie d'aller demain à la ville
» pour l'empêcher de faire quelque
» coup de tête.

» — C'est bien mal à ce Senhor d'É-
» venos d'avoir ainsi désolé ce pauvre
» enfant.

» — Aussi le Senhor d'Évenos peut
» se vanter d'avoir un ami bien chaud
» dans Tony Bompart, » dit Mimè. « Il
» n'est si petit ennemi qui ne puisse
» nuire. Je connais Tony; il est comme
» moi, comme nous tous; il ne par-
» donne une offense que lorsqu'on lui
» demande grâce à deux genoux. Il
» suce sa haine avec plus de plaisir
» qu'un enfant ne suce un rayon de
» miel durci au four. Le Senhor d'É-
» venos, tout Senhor qu'il est, n'a
» qu'à se bien tenir. »

Un rapide éclair de joie brilla dans
les yeux de Gabriel.

« — Le tenir pendant six mois en
» prison ! » dit Margarido en essuyant
une larme : « sans vous, mon maître,
» il y serait encore; car il m'a tout
» conté.

» — Tout?

» — Oui. C'est vous qui lui avez fait
» passer une lime et une échelle.

» — Ne vous a-t-il rien dit de plus ?

» — Rien.

» — Il est discret, » pensa Gabriel.
« Ma destinée m'est presque tou-
» jours fidèle. C'est l'homme qu'il me
» faut.

» — Il paraît que le Baile voulait
» l'envoyer au ciel avec un collier de
» chanvre, » dit maître Louis.

Les traits de Gabriel se contrac-
tèrent.

« — Ne me parlez jamais de cet
» homme, » dit-il… « Mais il se fait tard.
» Mes hôtes, recevez mes remercie-
» ments pour ce bon accueil ; je vais
» reprendre ma route.

» — Allez-vous bien loin ?

» — Jusqu'à Hyères.

» — Passé Cuges vous ne trouverez
» que de beaux chemins, car j'entends

» messer *mangeo-fango* (1) qui com-
» mence à souffler ; il a si bon appétit,
» qu'en moins de quatre heures il au-
» ra avalé toute la boue.

» — Bonne nuit, mes amis.

» — Bon voyage, mon maître. Que
» Dieu vous accompagne !...

» — Oui, il m'accompagnera ! » dit
Gabriel en sautant dans sa charrette
et en pressant le mulet de son fouet.

« — O mon frère ! digne sang du pro-
» phète ! que tes ossements se réjouis-
» sent ! demain ils reposeront dans une
» terre amie, ils ne seront plus souil-
» lés par le contact de la terre chré-
» tienne... Hélas ! le vide que ta mort
» a fait parmi nous, ne sera jamais
» rempli. Il est écrit là haut que mon
» sang ne coulera pas dans d'autres
» veines. Ainsi, notre vagabonde tribu

(1) Littéralement, *mange-boue*. C'est le Mistral,
vent du nord-ouest, très sec, qui souffle après la
pluie.

» va se trouver sans chefs!... Eslam ;
» Eslam! que ne peux-tu secouer le
» vêtement de plomb qui te couvre!..
» Ecoute le serment de ton frère, le
» serment du dernier émir. »

Il appuya sa main desséchée sur le
froid cercueil. « Je jure, » dit-il, « par
» le saint Prophète, que tes assassins
» ne mourront pas de leur mort. »

Alors, sur la terre inondée, s'éleva
un vaste brouillard qui enveloppa
le char, le cercueil et le voyageur,
comme pour les dérober à tous les
yeux.

CHAPITRE VI.

LE RETOUR.

E il mio core è maggiore di mia fortuna.
METASTASIO.

L'aurore commençait à peine à poindre, lorsque Tony quitta la Capelletta où l'orage l'avait contraint de passer la nuit. Le ciel était sans nuages ; le vent impétueux qui soufflait les avait chassés bien avant dans les terres. Un froid brusque et pénétrant qui s'insinuait par bouffées dans les légers vêtements du voyageur contribuait, autant que sa juste impatience, à abréger la route.

» — Messer *mangeo-fango* est bien
» brutal ce matin, » pensait-il en frot-
tant ses mains. « Je donnerais beau-
» coup pour avoir mon caban sur mes
» épaules... Mais bah ! un peu de peine
» pour beaucoup de plaisir, c'est en-
» core un assez bon jeu... Ma bonne
» mère ! Quand je songe qu'elle ne m'a
» pas vu depuis six mois ! Oui, six
» grands mois, ni plus ni moins. Qui
» sait tout ce qu'elle aura pensé ! Elle
» m'aura cru mort ; et pis peut-être.
» Mais aussi quelle joie de me voir de-
» vant elle, en chair et en os, de m'en-
» tendre dire : Me voilà, mère !.. Elle
» me tâtera les bras, la tête, tout le
» corps, pour s'assurer si c'est vrai-
» ment moi, si ce n'est pas mon âme
» qui revient !... — C'est moi, c'est
» bien moi, mère ! c'est votre Tony.
» — Ah, mon fils ! mon fils ! que de
» larmes tu m'as coûtées !... Et comme
» elle pleurera, la pauvre femme !...

» Non, après le plaisir de voir pleurer
» à mes pieds le Baron d'Évenos et son
» Baile, il ne doit pas y en avoir de
» plus doux que celui de voir pleurer
» ma mère de joie!... Cet infâme Ba-
» ron d'Évenos! il est mon créancier ;
» il faut que je paie ma dette. Et je la
» paierai, » ajouta-t-il en serrant les
poings.

« Gabriel m'a promis de m'en don-
» ner le moyen. S'il était chrétien, je le
» ferais jurer sur l'évangile de tenir sa
» promesse... C'est un singulier homme
» que ce Gabriel. Il est tout mystère de
» la tête aux pieds. Il a exigé qu'au lieu
» d'aller droit chez ma mère, j'allasse
» passer deux jours à l'attendre à la
» Rousso chez ma fiancée, et il n'est
» pas venu... Je l'aime, ce Gabriel : oui,
» je l'aime, parcequ'il m'a fait du bien,
» et surtout parcequ'il déteste les
» mêmes gens que moi. Et puis, je
» peux dire qu'il m'a sauvé la vie, puis-

» que c'est lui qui m'a tiré des griffes
» de ce Baron, que Dieu confonde...
» Mais voilà la porte de Lauret. Ah! que
» cela fait de bien de revoir, après six
» mois, les remparts de sa Commune. »

Il dit, et entra par la porte de Lauret, vieux débris d'un arc triomphal qui élève ses arcs gracieux et légers non loin des marais qui bordent le grand chemin de Rome (1). Il s'engagea ensuite dans des rues étroites et tortueuses, et après un quart d'heure de marche il se trouva au terme de son voyage.

En approchant de sa maisonnette, il sentit son cœur battre avec plus de violence; ses jambes se dérobaient sous lui.

» — Allons! allons! » dit-il, « si je » fais l'enfant, il n'y a pas de raison pour » que cela finisse. »

____

(1) La porte et les marais n'existent plus.

Il s'arma de courage et arriva enfin devant la porte.

» — Elle est là ! » dit-il. » Mais les » croisées sont fermées. Pauvre femme ! » elle dort encore ; elle rêve de moi, » peut-être : respectons son sommeil. »

Et il s'assit sur le banc de pierre qui était à côté de la porte.

« — On est bien paresseux au- » jourd'hui à Marseille. Le soleil va » se lever, et je ne vois encore per- » sonne dans la rue... Ah ! c'est di- » manche. Ce coquin de Baile m'avait » fait perdre l'habitude de compter » les jours. »

En ce moment la cloche de l'église de Las Accoas (1) sonna l'*Angelus*, et Tony entendit le bruit des volets

(1) Les Accoules. — Cette église a été démolie pendant la révolution ; il n'en existe plus que la flèche, qui est fort élevée et d'une construction assez élégante. Elle avait pris son nom de *las Accoas* de αγχολοτιδως ou αγχολως, parcequ'elle avait été

qu'on ouvrait dans quelques maisons.

« — Oh! non, non! il ne serait pas
» juste que les voisines me vissent
» avant ma mère. Frappons. Le réveil
» sera si heureux pour elle qu'elle ne
» regrettera pas son sommeil. »

Il se mit à heurter avec précaution
à la porte. Au second coup, un homme
parut en chemise à la croisée.

« — Qui frappe?... Oh!... santa
» Maria!... est-ce que j'y vois trouble?...
» Tony!... est-ce toi? est-ce bien toi?
» toi, qui nous as coûté tant de messes?

» — Cousin Bion! par quel ha-
» sard?...

» — Attends, attends, je vais des-
» cendre.

» — Bion ici! » pensa Tony. « Il sera

bâtie en forme d'arc. D'autres ont voulu tirer cette
étymologie du mot αγχορας, ancres, parceque les
nautoniers échappés à la tempête venaient offrir,
dans cette église, de petites ancres en forme d'*ex
voto* à la Vierge.

» venu pour donner aide à ma mère.
» Il n'y a que lui pour ces attentions. »

La porte s'ouvrit. En franchissant ce seuil, que depuis si long-temps il n'avait pas touché, Tony éprouva une joie inexprimable, et ce vague serrement de cœur qui nous saisit malgré nous, lorsque après une longue absence nous allons revoir la maison paternelle et les êtres qui nous sont chers... Hélas! qui peut-être nous étaient chers.

« — Que le bon Dieu me prenne » à l'instant même si je croyais jamais » te revoir! Mais viens, viens, que je » t'embrasse.

» — Cousin Tony, » dit Magdalena, femme de Bion, « vous avez bien fait » de venir en plein jour ; je ne sais pas » si de nuit j'aurais eu le courage de » vous ouvrir la porte ; j'aurais cru » que c'était votre âme.

» — Et quand c'aurait été son âme?

» crois-tu que l'âme d'un bon cousin
» reviendrait de l'autre monde pour
» tourmenter ses parents ? » dit Bion.

Tony ne répondit rien. Il parcourait du regard cette demeure si connue. Aux poutres étaient suspendus des instruments de pêche qui n'étaient pas les siens. Les étais ne soutenaient plus les pieds chancelants de la table de peuplier, qui était sale et négligée. L'escabeau de sa mère n'était pas à sa place accoutumée ; sa quenouille, dégarnie de chanvre, pendait à un clou que la rouille commençait à ronger ; le mantelet étalé sur la crédence était d'une couleur moins foncée que celui dont se couvrait sa mère, et qu'elle renfermait soigneusement chaque soir. La cage du serin chéri était sans laitue, et près de la cheville où elle était fixée l'araignée filait sa toile. Ces changements n'auraient pas été sensibles à l'œil d'un étranger,

mais l'œil du maître est prompt et
sûr.

« — La main de ma mère n'a pas
» passé par là, » dit Tony d'une voix
émue. « Où est ma mère ? »

A cette question les traits de Bion
prirent cet air de douleur qui a quelque chose de solennel sur le mobile
visage des hommes du midi. Il serra
étroitement la main de Tony, et lui
dit le triste compliment dont on salue
les veuves et les orphelins au moment où ils viennent de perdre leur
époux et leur père.

« — Cousin Tony, que Dieu te con-
» serve.

» — Ah ! » cria Tony en se laissant
tomber sur un siége, « un coup de
» couteau au cœur ne ferait pas plus
» de mal. »

» — C'est une dure nécessité ; mais,
» dans ce monde, il faut mourir ou
» voir mourir.

» — La pauvre femme est moins à
» plaindre que nous. Elle a tant souf-
» fert! je le peux dire, moi, qui n'ai
» pas quitté un seul moment le chevet
» de son lit, et qui lui ai donné le der-
» nier gobelet d'eau.

» — Cousine, que Dieu vous le
» rende. » dit Tony. « Laissez moi tou-
» cher cette main qui a fermé les yeux
» de ma pauvre mère.

» — Allons, allons, Tony ! sois
» homme : ne pleure pas ainsi; tu vas
» me faire pleurer.

» — C'est que c'était ma mère. Et
» dire que c'est fini, dire que je ne la
» verrai plus!...

» — Va, tu peux être sans regret;
» elle a été aussi bien soignée que si
» tu avais été ici; elle n'a manqué de
» rien. Je l'ai accompagnée moi-même
» au cimetière; j'ai fait creuser une
» fosse de six pans de profondeur, afin
» qu'on ne vînt pas la tourmenter après

» sa mort, et lui prendre son linceul
» que ma femme a cousu elle-même,
» moins pour gagner les évangiles que
» parceque c’était notre cousine. »

Tony mit sa main sur ses yeux.

« — Et depuis quand étiez-vous avec
» elle? » demanda-t-il enfin.

« — Depuis le jour de ta mort...
» c’est-à-dire de ta disparition.

» — Je peux me vanter de n’avoir
« pas perdu une minute. On vint me
» dire : Voisine Bion, allez donc chez
» la mère Bompart, il y a du nouveau:
» Tony est mort. Je pris mes jambes
» à mon cou, et quand j’arrivai, je
» trouvai mon homme qui tâchait de
» consoler la cousine; mais elle était
» là, à cette place, immobile et muette
» comme la Vierge noire de Saint-Vic-
» tor dans sa niche.

» — Mais qui a dit que j’étais mort?

» — Je te vas conter ça. Le varlet
» d’un Senhor qui demeure du côté

» de Mont-Redon vint un beau jour
» ici. — Où est la mère Bompart? —
» C'est moi, messer. — La mère, il y
» de mauvaises nouvelles pour vous.
» Votre fils Tony s'est pris ce matin
» de querelle avec mon frère; il lui a
» donné un coup de couteau qui lui
» a fait voir les sept lumières, et dont
» il ne reviendra peut-être pas. Tony
» a eu peur et il s'est jeté à la mer :
» voilà son bonnet; c'est tout ce que
» la vague nous a apporté de lui.

» — Le damné coquin!... C'est le
» Senhor qui l'envoyait pour me tuer
» à son aise entre quatre murailles. Je
» jure,... mais, c'est inutile, je ne peux
» pas jurer pis que ce que j'ai déjà
» juré.

» — Alors ce fut des cris, des pleurs...
» Ah !... juge donc!... — Varlet, lui dis-
» je, car j'étais ici; j'étais venu de-
» mander à la cousine un peu de pois-
» son pour mes pauvres enfants; varlet,

»quand on est messager de douleur
»on recommande à sa langue de ne
»laisser tomber que petit à petit le
»message. Il ne me répondit rien,
»mais il dit à la cousine : J'ai ramené
»la barque, vous la trouverez amarrée
»devant la palissade de la Loya.

» — Et le poisson ? J'avais fait bonne
»pêche ce jour-là ; j'avais pris trois
»palamides, cinq dorades, quatre lan-
»goustes, et un plein panier de gi-
»relles et de serrans.

» — Tout cela était dans la barque.

» — C'est le dernier poisson pêché
»de ma main qu'ait mangé ma pauvre
»mère ! j'aurais dû m'en douter ; j'a-
»menai presque sans plaisir ce beau
»coup de filet.

» — Quand les larmes eurent noyé
»la première douleur, la cousine dit:
»Je sens que je vais m'éteindre ; il n'y
»a plus d'huile dans la lampe. En per-
»dant mon pauvre Tony, j'ai tout

» perdu. Mais comment faire pour
» vivre jusqu'à ce que le bon Dieu
» me vienne prendre? Je vendrai ma
» maison et je tâcherai de faire durer
» l'argent jusqu'au jour où je n'aurai
» plus besoin que d'un morceau de
» toile et d'un peu de terre.

» — Ah! Dieu! Dieu! » s'écria Tony
en s'efforçant en vain de retenir ses
larmes; « tu me fends le cœur, mais
» continue: j'éprouve un certain plai-
» sir à entendre ce qui me fait tant de
» peine.

» — Cousine, lui dis-je, écoutez:
» vous allez vous trouver seule comme
» un ermite. Votre argent peut finir
» avant votre vie. Je suis un pauvre
» pêcheur de corail qui gagne à peine
» de quoi manger, moi, ma femme et
» mes deux enfants; je ne vous peux
» pas offrir mon appui, mais si vous
» voulez je viendrai m'établir ici avec
» ma famille; Magdalena vous soignera,

» moi j'irai à la pêche avec la barque
» et les filets du pauvre Tony. Je tra-
» vaillerai toute la nuit s'il le faut, pour
» que vous ne manquiez de rien, et
» après vous la barque et la maison
» seront à moi. Le plus tard sera le
» mieux.

» — Tu as bien fait, cousin Bion.

» — J'ai travaillé comme quatre
» pendant cinq mois. Il le fallait bien;
» la maladie de la cousine coûtait que
» ça faisait trembler! Chaque fois que
» le médecin entrait ici, il emportait
» trois de mes meilleurs coups de filet.
» Mais puisque te voilà, c'est marché
» nul, je me vais remettre au corail.

» — Comment! comment ! » dit
Magdalena. « La maison est à nous, et...

» — Tais-toi, femme! » dit Bion avec
colère.

» — La cousine a raison. Tout ce
» qu'a fait ma mère est bien fait.

» — Eh! non, il n'en sera pas ainsi,

» je n'en veux pas, moi. Aussi bien il
» vous arrive toujours du malheur à
» vous enrichir tout d'un coup. Mon
» père et mon grand-père se sont cassé
» la tête contre la même roche de co-
» rail. C'est celle où j'allais plonger au-
» trefois. Il faut que j'y laisse ma peau,
» c'est mon métier. Ta pêche de pares-
» seux m'ennuie.

» — Mais, cousin Bion…

» — Tu fais le fier ! écoute : tout peut
» s'arranger. J'ai tenu compte de ce
» que j'ai dépensé pour ta mère ; tu me
» le devras.

» — Il donnerait sa dernière chemise
» et le pain de ses enfants, » grommela
Magdalena.

» — Tais-toi, ou sinon….

» — J'y consens, » dit Tony, « mais
» à condition que la maison t'appar-
» tiendra jusqu'à ce que je me sois ac-
» quitté. Tu la garderas long-temps,
» car je la dois deux fois.

» — Voilà ce qui s'appelle traiter
» une affaire en bons cousins. Ta main,
» Tony. Toi, femme, donne-nous à dé-
» jeuner, et ne fais plus la moue.

» — Merci, merci, » dit Tony. « Je
» ne pourrais pas, à cette table... Qui
» m'aurait dit qu'un jour je ne serais
» plus maître ici ! » ajouta-t-il tout bas.
« Quoi ! cette maison, ces filets, sont
» à un autre !... C'est une idée à laquelle
» il me faudra du temps pour me faire :
» il me semble que je rêve.

» — Tu m'as fait jaser comme une
» pie, » dit Bion ; « et toi, ne me diras-
» tu pas ce qui t'est arrivé depuis six
» mois ? »

Tony se mit alors à raconter suc-
cinctement son aventure. A ce récit,
Bion s'animait, ses traits se contrac-
taient de colère.

« — C'est une horreur ! une indi-

» gnité ! Cela ne ne s'est jamais vu. Il
» faut aller porter plainte au Rec-
» teur.

» — C'est bien mon intention.

» —Et plutôt ce matin que ce soir.
» Mais tu es peut-être mal en argent?

» — Tu sais bien que la justice ne
» coûte rien dans la Confrérie du Saint-
» Esprit.

» — Oui, pour le Recteur, mais son
» Scribe! il ne faut jamais aller chez
» lui les mains vides. J'ai là sous le
» pot à l'huile quelques sous coro-
» nés que j'avais mis de côté pour faire
» dire douze messes basses à la cousine;
» prends-les.

» — Moi! l'argent du rachat de
» l'âme de ma mère! il me brûlerait la
» main si j'avais assez peu de cœur pour
» y toucher.

» — Comme tu voudras, mais tu as

» tort. Tiens, voilà ton caban. Partons :
» Magdalena , » dit-il en sortant à sa
« femme, je n'irai pas sur mer aujour-
» d'hui, arrange-toi pour le dîner. »

CHAPITRE VII.

LE TROUBADOUR.

....There is that within me which shall tire
Torture and time, and breathe when I expire;
Something unearthly, which they deem not of
Like the remembered tone of a mute lyre.
BYRON.

La nuit enveloppe dans son ombre la plaine et les montagnes. Tout dort dans le hameau de Mont-Redon. C'est l'heure où la sentinelle du château, vaincue par le sommeil, s'appuie languissamment sur sa lance, et cesse de veiller au salut de son Senhor; mais, cette fois, un long bruit de fête a fatigué les échos d'alentour. A la lueur d'un brasier de pin résineux qui illumine la cour intérieure du château, on voit des varlets autour d'une longue table, se livrer à la joie des festins. De riches litières sont rangées à la file, et les deux vastes éteignoirs de fer qui sont de chaque côté de la porte fument encore, comme si l'on venait d'y éteindre les torches d'un hôte nouvellement arrivé.

Dans la salle où le baron refusa à Gabriel la grâce de son frère, une table couverte de mets somptueux est dressée. Le Senhor en occupe le haut bout, assis dans un fauteuil placé sur une estrade. A sa droite est l'héritier de son nom; à sa gauche, la douce et modeste Azalaïs. Neuf convives du plus haut rang, parmi lesquels le recteur de la ville de Marseille se fait remarquer par son costume sévère, sont assis en cercle. A l'extrémité, et sur un escabeau plus petit que les autres, est placé le Baile, dont l'air humble contraste singulièrement avec l'air de fierté qui règne sur tous les visages. Mais, hélas! la joie est faite pour les vilains sur cette terre. La gaieté de la table des serviteurs ne s'est pas communiquée à la table du -maître.

Des varlets, impatients d'aller se joindre à leurs camarades, font circuler des plats couverts de viande, de poisson et de gibier, et de grands pots d'argent, pleins jusqu'aux bords d'un vin de Grèce conservé depuis de longues années dans de frais caveaux.

« — A la santé de votre Confrérie » du Saint-Esprit, Senhor Recteur! » dit en riant le Senhor Baron. « En dé-» pit de ses lois nous buvons ici d'autre » vin que celui de son territoire.

» — Mais ce n'est pas la loi la moins

» sage de la république, » observa un convive ; « elle profite beaucoup plus » aux nobles hommes qu'aux vilains.

» — Sans doute, sans doute. Res- » pect à la loi, » dit le Recteur en vidant la coupe.

« — Prenez bien garde, Senhor » Baron, » dit une vieille domna qui était assise auprès d'Azalaïs, « j'ai lon- » guement cheminé dans la vie, et j'ai » vu qu'on ne gagnait jamais à faire » bande à part.

» — Oh ! » reprit le Baron, « je sais » fort bien, égrège domna, que si la » Confrérie du Saint-Esprit me venait » chicaner, les nobles hommes de Mar- » seille seraient les premiers à me lais- » ser dans la nasse ; mais j'ai des amis » en cour du Senhor Comte, dont l'épée » n'est pas timide.

» — Par notre domna de Las Ac- » coas ! » s'écria en se levant Odoard de Pontevès. « La noblesse de Mar-

» seille n'a jamais laissé dormir son
» épée dans le fourreau.

» — Senhor, on n'a point voulu vous
» insulter, » dit le baron. « Votre mai-
» son a fait ses preuves; mais les en-
» fants ne valent pas leurs pères. La
» noblesse romansoye à Aix et fait le
» négoce à Marseille. Il fut un temps
» où elle ne connaissait d'autre viole
» que son épée et d'autre négoce que
» celui de taxer le vilain.

» — Il faut que chacun soit de son
» temps et de son pays, » dit vivement
» le Senhor de Pontevès. « Un jour
» viendra où la noblesse de Provence,
» qui va quêter en cour un regard du
» senhor Comte, s'estimera trop heu-
» reuse que la Confrérie du Saint-
» Esprit la laisse romansoyer tranquil-
» lement.

» — Senhor de Pontevès, » dit d'un
air railleur le Senhor Elias, fils du
baron, « vous avez frotté votre toque

» contre le bonnet du vilain ; il en a
» l'odeur. »

Pontevès lui lança un regard terrible, et il allait lui répondre, lorsque
le Recteur fit diversion à la querelle.

« — Allons, allons, » dit-il avec un
accent génois fortement prononcé,
« laissons cela. De nobles hommes
» se doivent-ils quereller pour si peu ?
» Toutes les lois sont bonnes, autant
» celles de l'égrège Confrérie du Saint-
» Esprit que celles du Senhor Comte.
» La Commune veut qu'on ne boive
» pas d'autre vin que le sien ! eh
» bien ! respect à la loi de la Commune ;
» elle a le droit de faire ce qui lui
» plaît depuis qu'elle s'est rachetée de
» ses Vicomtes. En mainte occasion
» elle a donné des preuves de son ha-
» bileté et de sa sagesse. On ne sau-
» rait trop louer celle de ses lois, qui
» veut que le recteur soit pris à l'é-
» tranger, afin...

» — Afin que le Recteur, n'ayant
» ni lien d'amitié, ni lien de famille,
» puisse administrer la justice avec
» plus d'impartialité, » dit Pontevès
en regardant fixement le Recteur, qui
rougit.

« — Seulement c'est chose fâcheuse, »
dit en riant le Baron, « que le Recteur
» ne soit nommé que pour un an, car
» vous, Senhor, depuis quatorze jours,
» vous êtes dérectorisé.

» — Je ne soupirais qu'après ce mo-
» ment pour retourner à Gênes dans
» le château de mes pères.

» — Dans le château de tes pères, »
murmura le Baron, « on fabrique des
» bonnets de laine.

» — Aussi je désire ardemment d'a-
» voir fini mon syndicat.

» — Je le crois bien, » dit Pontevès.

« — Oh! cette loi, par exemple,
» est dure. La noble Confrérie du Saint-
» Esprit fait à un homme l'honneur

» de le choisir pour son Recteur : donc
» elle a confiance en lui. Pourquoi le
» forcer, au bout d'un an, d'attendre
» pendant quinze jours que tout le
» monde vienne juger la manière dont
» il a exercé le pouvoir, et surtout
» pourquoi ne lui payer les six misé-
» rables besants d'or qui lui sont dus
» qu'après son syndicat fini ?

» — Mieux vaudrait les lui payer
» auparavant, » dit le Senhor de Pontevès. « Il pourrait laisser après lui
» autant de dettes et de mauvaises ac-
» tions qu'il lui plairait.

» — C'est juste, c'est juste, respect
» à la loi. Ce n'est pas que je tienne
» à ces six misérables besants d'or ;
» dans le château de mes pères...

» — Est-il vrai, Senhor Recteur,
» qu'un homme qui possède six besants
» d'or a de quoi vivre honnêtement à
» Gênes ? » demanda Pontevès.

« — S'il a de quoi vivre ! » dit le Rec-

teur en s'animant; « il peut faire de
» sa maison un vrai paradis. Avec six
» besants d'or on est sûr de rencontrer
» dans les rues de Gênes plus de gens
» qui vous ôteront leur bonnet que
» de gens à qui vous ôterez votre to-
» que... Quant à moi, » ajouta-t-il en
se reprenant ,« qui, Dieu merci, ai
» de belles terres au soleil, je ne tiens
» pas plus à ces six besants d'or qu'à
» mes vieilles chausses ; mais il est
» beaucoup de Recteurs... On pour-
» rait croire que la République n'a pas
» envie de faire connaître à ses Ma-
» gistrats la couleur de ses besants. Au
» reste, je ne crains rien ; j'ai toujours
» exécuté la loi, même celle qui défend
» à un Recteur de s'absenter de la
» ville. Depuis que j'ai débarqué à
» Marseille, c'est la première fois que
» j'ai vu le dehors de ses remparts.

    » —Quant à moi, je ne suis pas sans
» inquiétude pour vous, » continua le

jeune Senhor de Pontevès; « car je
» sais que demain vous serez accusé
» sur la place de la Loya (1).

» — Accusé ! moi !

» — Un jeune patron, nommé Tony
» Bompart, vous accuse de lui avoir
» dénié justice.

 — Bompart ! un drôle qui a osé
» menacer le Baile du Senhor d'Évenos
» et qui a porté un coup de couteau à
» l'un de ses varlets !... Ah ! mes pau-
» vres six besants d'or ! » ajouta-t-il
tout bas.

« — Pourquoi le Baron d'Évenos a-
» t-il un Baile ! » dit Pontevès à l'oreille
de son voisin.

« —Sans doute, » dit tout bas celui-
ci d'un air de dépit, « vous et moi, qui
» avons trois fois plus de lignage que
» tous les Évenos du monde, nous n'en
» avons pas.

(1) Aujourd'hui place de la Loge. L'abbé Barthé-
lemy en parle dans ses Mémoires.

» — Je suis tranquille, entièrement
» tranquille, » dit le Recteur devenu à
l'instant pâle et tremblant.

« — Eh! sans doute. Je prouverai à
» qui voudra que le Senhor Recteur n'a
» fait que son devoir, » dit le Baile; « et
» si j'ai un regret, c'est que ce drôle de
» braconnier m'ait échappé; sans quoi,
» une corde aurait bientôt débarrassé
» de lui le gibier de notre Senhor.

» — Oh! une corde! » dit le Senhor
de Pontevès. « Messer Baile, vous avez
» trop l'esprit de votre état; vous ou-
» bliez que nous sommes sur les bords
» de la mer, et non dans l'intérieur de
» la comté.

» — C'est un grand malheur que
» vous l'ayez laissé échapper, » reprit le
Recteur en soupirant; « quoique peut-
» être ce drôle n'eût pas été pendu par
» des mains légitimes.

» — Ne craignez rien, » dit le Baron

d'une voix forte. « J'irai demain faire
» syndicat avec vous.

» — N'y allez pas, Senhor Baron.
» Au nom du ciel, n'y allez pas, » dit
Pontevès.

« —Jeune homme, » reprit le Baron
d'une voix émue, « l'intérêt que vous
» me portez me touche. Je vous prie
» de mettre sur le compte du vin de
» Chypre ce que j'ai pu vous dire de
» choquant. Mais dussé-je...

» — Santa Maria ! » s'écria la vieille
domna, « éteignez, éteignez vite une
» torche.

» — Dieu de bonté ! » cria Azalaïs,
« nous sommes treize à table, et nous
» sommes éclairés par trois torches.

» — N'y allez pas ; ne sortez pas de-
» main de votre château, » dit la domna.

« — Mon père, je vous en supplie...

» — Non ! » dit le Baron en serrant
les poings. « Quand je verrais les
» torches s'éteindre, le sel se répandre

»sur la table par la main des fées;
»quand j'entendrais les esprits follets
»sonner du cor au milieu de la nuit,
»j'irais, j'en jure par...»

Au même instant, le vent, qui soufflait avec force, se fit jour à travers
la croisée, dont les volets s'ouvrirent
avec fracas, et la salle fut plongée dans
une subite et profonde obscurité. Les
varlets accoururent au bruit. Quand
ils eurent de nouveau éclairé les torches, la salière était renversée sur la
table, et à travers les sifflements du
vent on entendit le bruit d'un cor.

Le Baron devint rêveur; les convives gardèrent un morne silence;
Azalaïs et la domna faisaient de longs
signes de croix. Le seul Baile s'était
levé d'un air radieux.

«—Un cor!» dit-il, «un cor! Egrège
»Senhor, je vais recevoir le voya-
»geur... Oh!» ajouta-t-il tout bas, «à la
»noble compagnie que j'ai vue ce soir,

» et à ce bruit si doux à mes oreilles,
» je me crois encore au château de
» Flassans. »

Il sortit, et peu d'instants après il
rentra suivi d'un jeune homme d'une
haute stature, vêtu comme un noble
homme, et qui portait en écharpe un
cor, une épée et une viole.

» — C'est lui !» pensa Azalaïs; «c'est
» le jeune homme que je trouve tou-
» jours sur mes pas.

» — Senhor Châtelain, un pélerin
» que la nuit a surpris sur vos terres
» vous demande l'hospitalité.

» — Qu'il soit le bienvenu, » dit le
Baron. « J'ai presque honte d'un mo-
» ment d'effroi. Si j'avais eu à choisir
» un quatorzième convive pour chas-
» ser un fâcheux présage, je n'aurais
» pu mieux trouver. »

Le pélerin s'inclina, et il vida la
coupe de vin de Chypre que le Baron
lui versa et lui offrit de sa main.

« — Le Senhor pélerin est-il maître
» en *gai saber?* (1) » demanda Élias.

« — J'ai cet honneur.

» — Et dans quelle cour a-t-il pris
» ses degrés?

» — Je n'ai jamais respiré l'air de
» cour. J'ai vécu jusqu'ici au château du
» Senhor de Blacatz. Mon seul regret
» est de n'y pouvoir pas mourir. »

Une larme roula alors dans les yeux
du troubadour, dont les traits respi-
raient la tristesse, et qui semblait ne se
voir qu'à regret dans cette riche salle.

« — Vous êtes élève de l'illustre
» Blacatz! » dit Élias d'un air de doute.

« — Aussi certainement que le
» Senhor Élias est le troubadour Bre-
» mond de Ricas-Novas. »

Élias rougit.

« — Il n'y a que les montagnes qui
» ne se rencontrent pas , » dit le Baron;

______

(1) En *gai savoir.*

«le Senhor troubadour et mon fils se
» sont déjà vus. Mais qu'est-ce que ce
» Bremond de Ricas-Novas?

» — Egrège Baron, c'est un noble
» homme qui s'est débaptisé pour cé-
» lébrer une belle mystérieuse sous le
» nom de *Flor de Beltà*. On dit que
» *Flor de Beltà* (1) n'est pas insensible
» aux sirventes de Ricas-Novas ; mais
» le noble homme n'est pas le seul qui
» cueille les fruits de l'arbre d'amour.
» *Flor de Beltà* a le cœur haut : elle
» ne donne au troubadour que ce qu'a
» laissé le Senhor Comte.

» — De mon temps le Senhor Comte
» ne se serait pas exposé à un partage
» avec un troubadour, » dit la domna.

« — Pélerin, » dit vivement Élias,
« tu mens.

» — Je ne mens pas plus qu'il n'est
» faux que le troubadour Bremond de

___

(1) Les troubadours chantaient ordinairement leurs
belles sous des noms supposés.

» Ricas-Novas requiert d'amour Alaette
» de Meolhon , noble domna qui est
» cause que le Senhor Comte ne fait
» plus d'héritiers légitimes.

» — Dis plutôt d'héritières ! » reprit
en riant Odoard de Pontevès. « Le Sen-
» hor Comte n'a pu donner que quatre
» femelles à la lignée royale. On ne
» doit donc pas s'étonner que domna
» Alaette ait le temps de prêter l'oreille
» à un troubadour.

» — Tu mens ! » reprit Élias. « Si tu
» étais maître en *gai saber*, tu saurais
» qu'il n'est pas permis à un trouba-
» dour de soulever le voile qui cache
» les secrets d'une belle.

» — Je ne l'ai pas vu dans le Code.
» Mais, Senhor Bremond de Ric... Sen-
» hor Élias , interrogez-moi sur mes
» degrés.

» — A quoi te soumets-tu si je te
» convaincs d'ignorance ?

» — A passer pour aussi faux et

» aussi brutal qu'un Normand, et à
» être chassé sans miséricorde.

» — Dépose ton gage. »

Le pélerin tira un sou coroné de
son escarcelle, et le déposa dans une
coupe d'argent ciselé que lui présenta
Élias.

« — Par qui a été découvert le code
» amoureux ? » demanda celui-ci.

« — Par un chevalier qui s'enfonça
» dans une forêt enchantée, où, après
» mille périls et mille prouesses, il
» finit par trouver le faucon d'Artus
» qui était sur une perche d'or à l'en-
» trée du palais. Une petite chaîne d'or
» tenait suspendu à la perche un par-
» chemin écrit ; c'était le code amou-
» reux.

» — Pélerin, tu as dit l'origine du
» Code comme les barbares de la lan-
» gue d'Oyl ; n'importe : il y a du vrai
» dans ce dire... L'amour peut-il tou-
» jours rester le même ?

» — L'amour doit toujours augmen-
» ter ou diminuer : c'est le quatrième
» article du Code.

» — C'était écrit dans le cœur bien
» avant que de l'être dans le Code, »
s'écria Odoard de Pontevès.

« — Que prouve l'audace ? » poursuivit Élias.

« — Qu'on n'est pas véritablement
» amoureux. Le Code nous enseigne
» qu'un véritable amant est toujours
» timide, » ajouta le troubadour en
regardant Azalaïs, qui baissa les yeux.

« — L'amour peut-il exister entre
» personnes mariées ?

» — Je m'oppose à la question, »
dit la vieille domna en s'efforçant de
rougir.

« — C'est un plaid, c'est un plaid, »
dirent les convives, « les juges doivent
» tout entendre.

» — Ceci n'est point prévu par le

»Code qui régit le monde policé,»
répondit le pélerin.

« — Et le Code a eu raison, » dit
la domna.

« — Mais, » poursuivit-il, « nous
» tenons par un jugement de la Com-
» tesse de Champagne que l'amour ne
» peut étendre ses droits sur deux
» personnes mariées.

» — La Comtesse a jugé ainsi! »
dit la domna en levant les mains au
ciel.

« — En effet, les amants s'accordent
» tout, mutuellement et gratuitement,
» sans être contraints par aucun motif
» de nécessité, tandis que les époux
» sont tenus par devoir de subir réci-
» proquement leurs volontés et de ne
» se rien refuser les uns aux autres.

» — Ta raison est juste, mais ta
» science a été un moment en défaut.
» Le cas est prévu par le Code. Que
» dit le premier article? Le mariage

» n'est pas une excuse légitime contre
» l'amour.

» — Je tiens que le jugement de la
» Comtesse de Champagne a infirmé
» l'article que tu cites. En disant que
» le mariage n'est pas une excuse lé-
» gitime contre l'amour, le Code laisse
» soupçonner que l'amour peut exister
» entre deux personnes mariées. L'É-
» grège et vertueuse Comtesse de Cham-
» pagne a déclaré, en face de son noble
» époux, que cela était impossible.

» — La Comtesse a eu tort, » dit la
domna d'un air de colère.

« — Je tiens que le jugement n'a
» été qu'une application de la loi. Si
» tu le veux nous en ferons le sujet
» d'une tenson (1).

» — Soit fait selon ton désir.

» — Poursuivons l'interrogatoire.
» Voici une question que je soumets

______

(1) Tenson, du latin *contensio*, dispute, débat.

à ton *saber* : « Une domna, attachée
» à un chevalier par un amour con-
» venable, s'est ensuite mariée avec
» un autre : est-elle en droit de repous-
» ser son ancien amant et de lui re-
» fuser ses bontés accoutumées ?

» — Cette question n'en est plus une;
» elle a été résolue par domna Er-
» mengarde, Vicomtesse de Narbonne.
» Nous tenons que la survenance du
» lien marital n'exclut pas de droit le
» premier attachement, à moins que
» la domna ne renonce entièrement à
» l'amour, et ne déclare y renoncer à
» jamais.

» — Bien jugé, » dit la domna.

« — Et d'autant mieux, » dit Odoard,
» que la peine n'a jamais pu être ap-
» pliquée.

» — Une femme peut-elle être aimée
» de deux hommes ?

» — L'article 31 du Code dit qu'il
» n'y a aucun empêchement ; et la

» domna Alaette de Meolhon use am-
» plement de la licence, qui passe des
» bras du Senhor Comte aux bras d'un
» noble homme, et sourit à tous les
» troubadours.

» — Troubadour, je t'ai déjà dit de
» laisser en paix les femmes... Quelles
» sont les cours du meilleur enseigne-
» ment ?

» — Celles de Signe, Pierrefeu et
» Romanin.

» — Dans une tenson, peut-on re-
» courir à deux cours ?

» — C'est une chose licite. Giraud
» a dit :

« Vencerai vos , sol la cort lial sia...
» A Pergafuit t ..met mon partiment,
» O la bella fai cort d'ensegnamen (1). »

» Et Peyronnet, acceptant le défi,
» répond :

(1) Je vous vaincrai pourvu que la cour soit
loyale... Je transmets ma tenson à Pierrefeu, où la
belle tient cour d'enseignement.

7.

« E ieu volrai per mi al jugjament
» L'onrat castel de Sinba... (1) »

» — Comment les cours d'enseigne-
» ment peuvent-elles faire exécuter
» leurs arrêts?

» — Elles n'envoient ni sergents,
» ni hommes d'armes. L'opinion pu-
» blique suffit. Une domna ou un trou-
» badour condamnés à être exclus à
» perpétuité de l'amour de toute autre
» personne, ne sauraient trouver un
» amour convenable dans tous les pays
» de la langue d'Oc.

» — Senhor troubadour, tu as parlé
» comme toute une assemblée tenant
» cour d'enseignement. Je te recon-
» nais pour le troubadour le plus docte
» en *gai saber*. Mais pourquoi cet achar-
» nement contre l'amant aimé de la
» domna de Meolhon? Que t'ai-je...
» Que t'a-t-il fait?

(1) Et moi, je voudrais de mon côté, pour juge,
l'honorable château de Signe.

» — Sais-tu si je ne requiers pas
» d'amour la noble domna? sais-tu si
» je ne suis pas allé brûler hier une
» torche de cire devant l'autel de No-
» tre-Domna de las Accoas pour obte-
» nir ce que je désire?

» — Ton excuse ne saurait être re-
» fusée; mais sois sûr que l'amant aimé
» en brûlera deux pour conserver ce
» que tu lui veux ravir.»

Élias dit, et il mit une poignée de
sous coronés dans la coupe d'argent ;
puis la présentant aux convives, il re-
çut l'offrande de chacun. Quand le
tour du Recteur fut venu, celui-ci rougit, toussa, et dit :

« — J'ai oublié mon escarcelle.

» — L'homme au château sera
» mieux en fonds quand il aura reçu
» ses six misérables besants d'or, » dit
Pontevès, en riant, à son voisin, mais
assez bas pour n'être entendu que de
lui.

Élias présenta la coupe à demi pleine au troubadour, qui hésita un moment avant de la recevoir.

«— Pourquoi cette hésitation?» dit le Baron.

«— Senhor, » dit le pélerin, « j'au-
» rais mieux aimé gagner ces sous co-
» ronés à la pointe de mon épée.

» — Hélas! » répondit le Baron, « la
» viole et les chansons ont remplacé
» aujourd'hui l'épée et les combats;
» mais vous n'en avez pas moins gagné
» votre argent.

» — Or maintenant, Senhor trou-
» badour, » reprit Élias, « dites-nous si
» vous êtes plus habile à composer
» des sirventes qu'à chanter ceux
» d'autrui. »

Le troubadour s'inclina, et il dit d'un air modeste : « J'ai nom Sordel.»

A ce nom toute l'assistance se leva.

«— Senhor, touchez là, » dit le Baron. « Mon oreille n'a pas porté à mon

» intelligence tout ce que vous avez
» dit; je suis peu fait aux disputes d'es-
» prit; mais vous m'êtes connu. Vous
» êtes l'homme de la Comté le plus
» Provençal par le cœur et la tête.
» Quand vous romansoyez, la patrie a
» autant de part à vos chants que votre
» do mna. Touchez là, et que béni soit
» le moment où la pensée vous est
» venue de diriger vos pas vers notre
» château.

   » —Vous ici! vous, Senhor Sordel! »
dit Pontevès. «Aventuré que vous êtes!
» vous n'avez pas craint de passer sur
» les terres du Senhor Comte! Il a juré
» de tirer vengeance de votre dernier
» sirvente.

   » — Je ne suis plus ici que sur les
» terres de sa mouvance, » répondit Sordel. « J'ai passé sur les terres
» de son obéissance aussi vite que sur
» un charbon ardent.

   » — Et quand vous y seriez, » dit

Élias, « nous armerions jusqu'aux
» pierres de notre château pour ne
» vous pas laisser prendre à merci.

» — Senhor, » dit le Baron, « vous
» ne trouverez pas chez nous tout ce
» que vous aviez chez le Senhor de
» Blacatz, mais vous y aurez un asile
» contre la colère du Senhor Comte.

» — J'accepte avec reconnaissance, »
répondit le troubadour.

« — La nuit est trop avancée pour
» songer au sommeil, » dit Azalaïs d'un
air modeste et en baissant les yeux;
« si le Senhor troubadour nous voulait
» faire entendre son sirvente, nous at-
» tendrions patiemment le jour.

» — Noble domna, vous auriez pu
» ordonner ce que vous venez de re-
» quérir. »

Alors il se fit un grand silence; Sordel prit sa viole et il chanta ce terrible
sirvente qui faisait rougir de honte

sur leurs trônes tous les rois qui ado-
rent le Christ.

SIRVENTE (1).

Planher vuelh en Blacatz en aquest leugier so,
Ab cor trist e marrist, et ai en be razo ;
Qu'en lui ai mescabat Senhor et amic bo ,
E quar tug l'ayp valent en sa mort perdut so :
Tant es mortals lo dans qu'ieu no y ai sospeisso
Que jamais si revenha, s'en aital guiza no
Qu'om li traga lo cor, et qu'en manjo'l Baro
Que vivon descoratz, pueys auran de cor pro.

Premiers manje del cor, per so que grans
        ops l'es ,
L'emperaire de Roma , si'lh vol los Milanes

(1) Je veux, d'un cœur triste et marri, pleurer
Blacatz dans ce chant négligé, et certes j'ai bien
raison, car en lui j'ai perdu un seigneur et un bon
ami, et tout ce qu'il y avait de haut mérite est perdu
par sa mort. Tant est grande la perte que je n'espère
pas qu'elle se répare jamais, à moins qu'on ne lui
arrache le cœur, et que les Barons en mangent qui
vivent sans cœur, puis ils en auront assez.

Que l'Empereur de Rome soit le premier à manger
de ce cœur, parcequ'il en a grand besoin s'il veut

Per forsa conquistar, quar lui teno conques,
E viu descretats malgratz de sos Ties.
E deseguentre lui manj' en lo reys frances,
Pueys cobrara Castella que pert per nescies;
Mas si pez' a sa maire, elh non manjara ges,
Quar ben par a son pretz qu'elh non fai ren
       qu'el pes.

Del rey engles me platz, quar es pauc coratjos,
Que manje pro del cor; pueys er valens e bos,
E cobrara la terra, per que viu de pretz blos,
Que'l tollo reys de Fransa, quar lo sap nualhos.
E lo reys castelas tanh qu'en manje per dos,
Quar dos regismes ten, e per l'un non es pros;

conquérir le Milanais par la force des armes, car on le lui tient conquis et il vit déshérité malgré ses Allemands. Et qu'après lui en mange le Roi de France, puis il recouvrera la Castille qu'il perd par insouciance; mais si cela plaît à sa mère, il n'en mangera point; car il paraît bien à sa manière qu'il ne fait rien qui lui pèse.

Il me plaît que le Roi anglais mange beaucoup de cœur, car il est peu courageux, puis il sera vaillant et puissant, et il recouvrera la terre que le Roi de France lui enlève parcequ'il le sait couard. Que le Roi de Castille en mange pour deux, car il tient deux royaumes et il ne suffirait pas à un. Mais s'il en veut manger qu'il en mange en cachette, parceque si sa mère le savait elle le battrait au bâton.

Mas si'lh en vol manjar, tanh qu'en manj' a
    rescos,
Que si'l mair' o sabia, batria'l ab bastos.

    Del rey d'Arago vuelh del cor deia manjar,
Que aisso la fara de l'anta descarguar
Que pren sai a Marcella e a Milau, qu'on rar
No s pot estiers per ren que puesca dir ni far.
E apres vuelh del cor don' hom al rey Navar,
Que volia mais coms que reys , so aug comtar;
Tortz es, quan Dieus fai home en gran ricor
      poiar,
Pus sofracha de cor lo fai de pretz baissar.

    Al comte de Toloza a ops qu'en manje be ,
Si'l membra so que sol tener ni so que te,
    Quar si ab autre cor sa perda non reve

    Je veux que le Roi d'Aragon en mange; cela le
déchargera de la honte qu'il prend ici à Marseille et
à Milhau, vu qu'autrement on ne le peut honorer
pour rien qu'il puisse dire ni faire. Et après je veux
qu'on donne du cœur au Roi de Navarre, qui valait
mieux Comte que Roi , à ce que j'entends dire. C'est
un grand tort quand Dieu fait monter un homme en
puissance, que le manque de cœur le fasse ensuite
baisser de prix.

    Il est besoin que le Comte de Toulouse en mange
bien, s'il se souvient de ce qu'il a coutume de tenir
et de ce qu'il tient; car s'il ne répare pas sa perte

No m par que la revenha ab aquel qu'a en se.
E'l coms proensals tanh qu'en manje, si'l sove
C'oms qu'es deseretatz viu guair'e non val re,
E sitot ab esfors si defen ni s capte,
Ops l'es manje del cor pel greu fais qu'el soste.

Li Baron volran mal de so que ieu dic be,
Mas ben sapchan qu'els pretz aitan pauc com
      ilh me.

Belh Restaur, sol qu'ab vós puesca trabar
      merce,
A mon dan met quascun que per amic no m te.

« — Voilà de nobles accents ! » s'é-
» cria le Baron ; « ils sont rares dans ces

avec un autre cœur il ne paraît pas qu'il la répare
avec celui qu'il porte. Il convient aussi que le Comte
de Provence en mange, s'il se souvient qu'un homme
qui est déshérité vit beaucoup et ne vaut rien, et
bien qu'avec effort il se défende et se gouverne, il
est besoin qu'il mange du cœur pour le grand fardeau
qu'il soutient.

Les Barons me voudront du mal de ce que je
viens de si bien dire ; mais qu'ils sachent bien que
je les prise aussi peu qu'ils me peuvent priser.

Belle Restaur, pourvu que je puisse trouver merci
auprès de vous, je me soucie fort peu de tous ceux
qui ne me tiennent pas pour ami.

» temps de mollesse !... Noble domna, »
dit-il ensuite à sa fille, « vous auriez
» préféré peut-être une chanson d'a-
» mour. »

Azalaïs tressaillit comme si on l'eût
arrachée à une longue rêverie. Son
beau visage se couvrit d'une subite
rougeur, et elle baissa les yeux sans
rien répondre.

« — Voilà le jour, » ajouta le baron.
« Nobles Senhors, si vous y consentez,
» nous irons nous livrer à l'amuse-
» ment de la pêche. »

Tout le monde se leva à cette invi-
tation. Sordel s'approcha du Recteur
et s'entretint quelques instants à voix
basse avec lui.

« — Calmez-vous !... » lui dit-il, « j'ai
» ma viole. Je vous promets que
» le Baron ira faire syndicat avec
» vous. »

Le jeune Pontevès, qui entendit ces mots, secoua la tête d'un air triste, et tous sortirent de la salle précédés par le Baron.

FIN DU TOME PREMIER.